U0460025

看人的本事

掌控9大识人法则，看人看到骨子里

卢文建◎著

The Ability
Of Mind reading

中国友谊出版公司

图书在版编目（CIP）数据

看人的本事 / 卢文建著. -- 北京 : 中国友谊出版
公司, 2020.6（2022.5重印）
ISBN 978-7-5057-4893-4

Ⅰ.①看… Ⅱ.①卢… Ⅲ.①心理交往－通俗读物
Ⅳ.①C912.11-49

中国版本图书馆CIP数据核字（2020）第057002号

书名	看人的本事
作者	卢文建
出版	中国友谊出版公司
发行	中国友谊出版公司
经销	北京时代华语国际传媒股份有限公司　010-83670231
印刷	三河市宏图印务有限公司
规格	880×1230毫米　32开
	8.25 印张　180 千字
版次	2020 年 6 月第 1 版
印次	2022 年 5 月第 9 次印刷
书号	ISBN　978-7-5057-4893-4
定价	45.00 元
地址	北京市朝阳区西坝河南里 17 号楼
邮编	100028
电话	（010）64678009

第一章

"戏"说读心术

似乎每个人在小的时候，都一度想要成为一个很厉害的人。那么接下来让我们在本书的开篇首章，学会几个生活中就可以随时随地使用的读心游戏，让自己秒变朋友圈中的读心大师吧！

究竟什么是读心术？读心术又真的有"术"吗？一直以来我都认为这是个很难回答清楚的问题，但是此刻，对于愿意打开这本书的人来说，我至少可以清晰地感受到你渴望着读心术的存在。从另一个角度看，我们每个人都渴望拥有"读心能力"，如果你也是这样想的话，我倒认为你可以暂时丢掉究竟有没有"读心术"的问题，跟着你的好奇心一起阅读完这本书，我相信你会找到属于你的答案。

此刻，如果你愿意回想一下你的小时候，其实不难发现"好奇心"促使着我们一点一滴地去认识这个世界，而当我们建构出一副属于自己的"世界地图"后，可能会恍然间发现，最令我们好奇的其实还是人的那颗"心"。认知心理学家经过研究已经证实，在我们每个人的大脑中都存在着一个被称作"右颞顶交界区"（RTPJ）的区域，它位于我们右耳的后上方，这个区域是做什么的呢？简而言之，它负责让我们去解读他人内心的想法，随着我们年龄的增长而获得成熟。现在，你应该也就能够明白我们为什么总是好奇他人心里究竟在想些什么了。甚至可以说，每个人天生都是"读心人"，不同的是，你是否意识到这个你与生俱来的"角色"？

很多人都有一种感觉——懂得读心术的人，可以轻易猜透对方的内心，然后利用这些感受，方便实现自己的意图，从而可以提前获知很多"机密"，或者在做事情的时候取得一些捷径。还有人对读心术有些不安的误解，他们会觉得读心术高手可以看破一切秘密和掩饰，甚至可以诱导乃至操控他人。实话说，这种误解的确是听上去有些"阴暗猥琐"，说到这儿——我甚至可以通过读心术，来剖析这些做出误解者他们内心的想法，这里面是有一种"角色映射"。所以呢，我们尽量不要去当误解者，误解本身可能只是信息的不对称，但误解产生的后果却是复杂而负面的。

实际上，读心术不是阴险地读取信息，更不是某种可怖的操控，我赋予读心术的定义恰恰是一种说话的艺术，一种"带有某种目的的说话艺术"。大家听到这里可能又会质疑了，"某种目的"？怎么听上去似乎也有些动机不良呢？——大家不妨想一下，如果你和你的客户要进行一次谈判，这场谈判的目的是什么？应该不会是生意没得做了吧？又或者，你和你

的爱人因为矛盾需要进行沟通，那么你希望带着的目的又是
什么？不会是希望离婚吧。实际上，和射击、钓鱼、驾驶汽车、
烹饪一样，读心术也只不过是一项技术，一项能够把话说到
对方心坎里的技术，这项技术造成的影响是好是坏，完全取
决于使用者是如何设立目标的。当我们用积极的态度去审视
这项技术的时候，事情就显得很正面和阳光。最显著的例子
就是——我们可以用读心术去做游戏。

我遇到过很多朋友，他们很想要学习读心术，就是为了
能够掌握一些独门绝技，在社交场合中带动彼此的联动和
交流。

接下来，我会在这里分享给大家四个易懂易学易用的类
似"心理操控"的小游戏，作为我们开篇的热身阶段。正如
我们开篇所说，它会令你秒变读心师，成为朋友圈中的"看
透人心的魔法师"，哈哈，听到我这笑声背后的"戏谑"了
吗？其实，没有这么夸张啦。当然，虽说仅仅是个读心游戏，
但我也希望大家可以认真地对待，至少它会让你获得一份读
心人应该有的自信以及思维方式。

游戏一：潜入你的思维世界

请不要去想象粉红色的大象……

现在，你脑海中想到的是什么呢？

没错，一定就是粉红色的大象。

我们可能无法捕捉他人的万千思绪，但是，我们也许可以让他人按照我们的意愿去思考。

首先，请各位暂时清空你脑海中所有的杂乱思绪，让自己放松而平静下来，如果你发现这很难，别着急，暂时放下这本书，做几个深呼吸（大家一直对呼吸有个误区，呼吸呼吸，自然应该先呼再吸，呼气的时候一定用嘴巴，吸气的时候则一定要用鼻子）。

好的，在我们正式开始之前，还需要向大家强调一下，接下来我问的每一个问题，我希望你都可以按照你的"第一直觉"给出答案，请记住我们的约定！

此刻，请各位在1—100之间，想一个大的**两位数**……

没错，就是这个一瞬间掉落到你脑海中的数字，想好之后，请锁定这个答案，不要随意更换。如果你发现你想的数字在脑海中有过改变，那就请换回到第一个出现在脑海中的数字，仔细地看着这个数字的图像，让它慢慢地放大，尝试在心中默念出来。同样遵照上述规则让你的脑海推送出一个**颜色**，没错，就是这个一瞬间闪现在你脑海中的**颜色**，不要随意更换，最后，在你的五官当中想一个部位。想好了吗？

现在，请允许我尝试去阅读一下你的想法……

我想，你脑海中的三个答案，应该分别是……记住，请一定不要随意更换……

99、红色、鼻子！

现在，你可以告诉我，我猜对了吗？

你也许更想知道，这是如何做到的？很简单，请你看看上面的文字中，我刻意强调了哪些字？其中缘由，你一定能够理解。如果，你认为我在故弄玄虚，也很简单，暂停你的疑问，直接和你身边的朋友实践一下，你会发现简单到不可思议！

游戏二：控制你的行为

现在，我将尝试仅仅通过文字来操控各位的行为，但其实，我更愿意相信，你会帮助我来操控你自己。

这个游戏需要各位坐下来，并将你的右腿搭在你的左腿上（俗称二郎腿），完成后让你的右脚按顺时针（表盘中分针转动的方向）的方向转动，你可能会觉得这个动作看起来很傻，但请一定忍耐一下。接下来，我要通过文字的描述，让你的右脚由顺时针方向瞬间改变为逆时针方向转动，请一直保持你的右脚在持续不停地转动，同时让自己的注意力放在你的右手，请伸出你的右手食指在空中画出一个数字 6，然后，你会发现……

希望你一定明白，能控制你的人，恐怕只有你！

游戏三：识别你身边的"读心人"

很多人都会认为自己说谎的时候不会露出破绽。真的如此吗？

请大家用右手写一个大写字母"Q"，不要刻意考虑，凭直觉写就好。

写完之后让我们来检索一下你所写出的 Q 的朝向，第一种情况字母是反着写的，这样我们对面的人阅读起来很方便；第二种情况字母是正着写的，这样我们自己看起来比较方便。

这个游戏说明了什么？它很巧妙地告诉了我们一个人"自我监控"的意愿（具备自我监控意识的人能够关注并清晰地认识他人对自己的看法）。低自我监控者往往正方向书写字母，以使得自己能够较为容易地阅读字母。这一现象暗示着，低自我监控者对自己的认知大多是以自我为中心，而不愿从他人的角度来审视自己的行为。

此外，通过研究还发现，当低自我监控者的周围环境发生变化时，他们通常还会继续保持以往的行为习惯。而那些反方向书写字母的高自我监控者，往往具备从不同角度认知世界的能力。这意味着他们更愿意改变自己的行为模式，以适应周围环境的变化。正是这一行为使得他们能够轻易地去改变别人对自己的看法。因此，对比低自我监控者，高自我监控者往往能够轻易控制自己的语言和行为，当他们说谎时，更不易被察觉。进一步来说，如果你的朋友中，有人写出了一个反向的 Q，请试着多多了解他（她），也许他（她）就是那个最能够读懂你的人。

游戏四："意念"就是相信的力量

请找到一条带有吊坠的项链（或是自己制作）。

用你的右手食指和拇指捏住项链的链子两端，让吊坠自然落下。

保持吊坠静止，并从此刻紧紧注视着吊坠，集中你的注意力，调动你的想象力，在脑海中想象吊坠开始像钟摆一般左右摇摆，从左摆到右，再从右摆回左，持续地在你的脑海中想象这个画面。然后看看你是否可以仅仅凭借想象，让你手中的吊坠摆动起来，当你发现有某种力量控制着你手中的吊坠动起来的时候（哪怕仅仅是微弱的），都请你千万不要克制这股力量，请跟随这股力量，你会发现吊坠会摆动得越来越强烈，越来越强烈……当吊坠可以自如地左右摆动时，请你尝试在心中，在脑海中更改你的指令，让它由左右摆动改变为上下移动，集中你的注意力，调动你的想象力，调整你的呼吸，放松你的身体，现在，看看吊坠是否如你所想的那样，在进行上下移动。最后，你还可以尝试让它按照顺时针（或逆时针）的方向转动，一切都源于"相信"！

怎么样？上面分享给大家的四个小游戏，你学会了吗？它们有一个共同的特点，就是你不需要去思考为什么，而仅仅需要拥有一种"游戏精神"，就像我们的人生，太过认真，太过较劲，是一切痛苦的开始。相信我，按照我说的去做，不要思考为什么。

在成年人的世界里，游戏的意义肯定不仅限于游戏本身。

如果你能把这些读心游戏运用熟练，不难想象，你就很容易成为聚会房间里那个引人注目的人，你在收获了大家的兴趣之后，彼此间的话匣子就可以自然打开了。

当然，对于我来说，本章的目的肯定不仅限于让各位读者成为社交达人。在接触了这些小游戏之后，我们就更加容易理解读心术背后的逻辑和技术基础，我也希望各位读者能够带着兴趣走进这本书，从"玩家"逐步成长为"专家"。

第二章

你有眼睛，但你真的在"看"吗？

我们大都习惯用双眼建构这个世界，并将其定义为"事实""真相"，在我看来，"真相"本就是个暧昧的词，因为我们往往看到的仅仅是自己想要看到的。这一章，我将带领读者，学习如何正确提升自己的"观察力"，如何运用逻辑推理、深度洞察训练，有效地敲开读心术的大门，这是柯南·道尔笔下名侦探福尔摩斯的核心能力，也是每一位想要学习读心识人技巧的读者，所必须具备的最基本且最重要的能力。

都说"眼睛是心灵的窗户"，这句话其实有两层意思。第一层意思，是说你可以通过观察一个人的眼神，来获知对方的情绪、状态和想法，也就是说，透过这扇窗户，你可以看到房间里的情况——这一层固然也是读心术的重要部分，不过却不是本章的重点。第二层意思是，我们作为"站在房间里的人"，更要善于透过自己的眼睛这层"窗户"去看外面，你可以看到的不仅仅是对方的"窗户"，更可以看到整个世界。

正所谓"会看的看门道，不会看的看热闹"，面对同一个人，我们能够看到相同的画面，但不同的观察者获得的却是不同的信息。柯南·道尔笔下大名鼎鼎的福尔摩斯侦探，就是善于观察的典范。面对常人无法洞察的蛛丝马迹，他总是能够看出其中有启发性的线索。这种观察技术仅仅是因为视力好或者细心吗？当然不是。

有效的观察，需要观察者具备良好的意识、良好的图像感，以及反复观察的耐心，从在静态中捕捉信息开始，逐步发展成为在动态中匆匆一瞥就能见微知著的本领。好在，这些本领都是可以训练的，在接下来的文字里，我们将会一步步了解训练的方法，从而成为一个观察力更为强大的读心者。

观察究竟对于"读心术"而言有多重要呢？在这里我引用一句古语"有术无道，止于术"来说明，而观察其实就相当于我们读心术的"道"。从这个角度来说，脱离了观察的读心是不存在的，甚至是荒谬的。举例来说，你在某个场合初次见到某个人时，如果你对他缺乏一个相对全面而准确的观察，那么即便是你掌握了再多读心的技巧，你的分析也只能是信口雌黄，很难令人信服。可以由此下一个论断，你是否可以真正掌握读心术，其实看的就是你是否能够真正懂得什么是观察之道。

要想搞清楚这个问题，最重要的是要明白什么是观察。我相信很多人都会误以为观察就是我们平时所说的用眼睛"看"。这句话对，却也不完全对。说它对，是因为，观察的"观"

确实有"看"的意思。这让我想到柯南·道尔笔下的经典神探夏洛克·福尔摩斯经常会对他的搭档华生说的一句话："你是在看，而我是在观察，这其中有着非常明显的差异。"说到这里，其实第一个概念就出来了，"观察绝不等于用眼睛去看，或者说不完全等同于用眼睛去看"。要理解这一点，首先要从我们大脑的运作机制这个角度来说，当一件事物或是一个人出现在我们眼前的时候，我们的大脑会自然而然地进行一系列加工处理，而这个过程我们通常称之为"视觉加工"。在这个过程中，就免不了会触及我们的潜意识领域，也就是说，我们会在无意识的状态下去调动积攒于我们潜意识之中已有的经验去认识眼前的这个事物，最终形成对于这个事物的态度以及判断。

因此，如果我们仅仅使用眼睛去看人或事，难免演变成主观的臆断。这样说，大家就应该能明白为什么我们在与人相处的时候总会抱怨"我怎么会看错了某某，难道我瞎了眼吗？""在我眼里，这个人不应该是这个样子！""我要是一开始就知道他是这个样子，我说什么也不和他打交道！"其实对方一直都是这个样子，只是我们一直在看而从未观察。也正因为如此，我们会发现，我们在生活中所使用的所谓"观察"往往与读心意义上的观察或者说与真正意义上的观察是有所出入的。也许一个"不小心"，我们看到的仅仅就是我们想看到的，而不是人或事物原本的面目。因此，观察的目的在于呈现人、事、物的真相，而阻碍我们看到真相的往往是我们的眼睛，或者说是我们太过于信赖的主观经验，从这个角度来说，眼见也未必为实。我们需要更多的理智而不是直觉。

其次，就观察本身而言，我们用眼睛能看到的事情实在是太有限。正如小王子当中的一句经典对白："真正重要的事情，眼睛是看不到的。"因为如果你面对的是一个人，那么你就不能忽略他说的每句话，他的语言模式，他使用词语的习惯，他的声音，他的情绪甚至是他身上的味道。因此，我们可以说，观察并不是仅仅用眼去看这么简单，它更多的是五官感觉相互融合充分调动的一种全方位感知能力。

我想我们再单独说说观察中的"察"这个字，"察"，我们可以理解为"察觉与分析"。可想而知，如果我们对"观"这个字的概念把握得不够准确，在"察"时也自然就会走入误区。由此，我们在分析判断一个人、一件事时也会不准确，极容易将观察变为自以为是。要不然怎么会有那句话呢——你以为你以为的就是你以为的吗？

以上就是我们对"观察"的概念进行的一次简单梳理。

那么接下来，我们就来聊聊，在生活中我们究竟该如何正确地去实践"观察"呢？其实说到底，最根本的方法只有一个：建立主动的观察意识。

要理解所谓"观察意识"，我们可以借由人的意识发展来简单说明。我们所有人在刚刚出生的时候，是处于一种无意识状态，或者说是处于一种混沌的状态，我们没有自我意识，我们对所有事情没有认识，对万事万物都特别好奇。我们的潜意识也基本来源于母亲，也就是我们所说的"母子共体"。随着年龄的增长，我们开始越来越多地去认识周边的人和事物，认识这个世界。随之我们也有了对待人和事物的判断，也就是在这个过程中建立了所谓的自我意识。

在生活中，我们大部分的观察来源于无意识状态下的观察，或者说是一种被动的观察，这样的观察模式让我们在与人相处的时候，过于相信自己的感觉以及第一印象，过早地建立了对于这个人的认知方式。当对方的一些言语或行为伤害到我们的时候，就会造成我们的认知失调，前后反差就会让我们觉得遇人不淑。

因此，我们首先必须要主动地去建立这种观察意识，让它由无意识转化为有意识，然后不断去强化它，让它成为我们的习惯和本能，最终再次转化为无意识。

那么，具体该如何理解以及实践呢？有几个建立主动观察意识的方法供大家参考。

书写观察笔记

随身携带一个记录本，当然也可以是手机，标注好日期，写下你的观察目的。例如，你想要观察些什么？怎么观察？想达到什么目的？然后按照一定的观察顺序将你看到的一切客观地记录下来，当然可以有自己的假设推论，但请记得，这一切都可以被质疑。

这里给大家举个例子。要观察一个人，可以使用这样一个观察顺序：从下至上。从他的鞋子开始观察。可能有人会问：为什么不先从他的脸开始观察呢？其实，一旦你从开始就观察了一个人的脸，就会很容易主观地对这个人进行评价，而从脚开始观察可以很好地避免这种情况。

观察他的鞋子时，如果他的鞋子很脏，那可能说明这个人对于生活卫生方面并不怎么在意，同时也可以推测这个人在生活方面并不严谨，甚至还可以进行这样一种假设：可能他性格就是这样的。

观察完鞋子后，再观察他的裤子，其次是衣服，最后是脸。如果衣裤上有些褶皱或是污迹，那就可以证明上面的部分论断是正确的。有时，一个人身上的耳环、项链、戒指之类的具有个性印记的物件，往往可以成为读懂此人的关键。

静观

比如我们可以每天抽出半个小时的时间，随手拿一个杯子、水果，或者任意一个生活中随手可得的小物件，找到一个安静的环境，试着调整一下自己的呼吸，让自己放松平静下来，将这个物件摆放在你的面前，然后仅仅是注视着它，尽量看到它的每一个细节，越多越好。大概如此60秒—90秒的时间，我们将眼睛闭起来，去在脑海中勾勒出它的完整图像，细节越清晰越好。如果感觉有些细节没有看清楚，就睁开眼睛再去看，如此循环，直到你可以完整地回忆起这个物件的每一个局部细节为止。这样可以有效提升你对一件事物观察的"精准性"，最终让自己在静观的情况下达到"一目了然"。

行观

让自己走动起来，比如穿过你的房间、教室、办公室或者绕着房间走一圈，迅速留意尽可能多的物品。然后回想一下你刚刚看到的物品，把所能回忆起来的尽可能详细地说出来，最好写出来，然后对照补充。

在日常生活中，也可以留意去看眼前的物品，然后回想其种类和位置。比如说看马路上疾驶的汽车牌号，然后回想其字母、号码；看一张陌生的面孔，然后回想其特征；看路边的树、楼，然后回想其棵数、层数；看广告牌，然后回想其画面和文字。

尽管很多文学作品喜欢塑造天才的故事，一些口述访谈中也不乏对于特异能力的吹捧，但是在读心领域，所谓的"天赋"并没有那么关键——这些故事可能只是想要吸引读者的眼球（毕竟很多出色作家本身也是心理学方面的高手），而相关的吹捧大概也是为了塑造神秘感。实际上，是训练让人变得更为强大，如果你能让自己变得训练有素，那么很多谜题都会迎刃而解。

反复的训练，可以造就杰出的观察能力，对于我们来说，更多的是要做一个"有心人"。一旦你了解了上述观察的基本原理和训练方法，并且能够在生活中有意识地去经常实践，那么，过段时间，你就会发现：原来眼前的一切，都蕴含着过去没有意识到的信息，很多蒙在鼓里的线索，居然都在无数个画面里呈现出了彼此印证的联系，那种"雾里看花水中望月"的日子也就逐渐远去了。

第三章

"算命先生"不为人知的"撒手锏"——冷读术

"出其不意，攻其不备。闭门造车，出门合辙。"这是我在生活中很喜欢引用的一句话，或者说，这是我非常想要达到的一种状态。读心术作为一项技术性的工作，固然有心理学在背后提供理论支撑，但是其更需要操作者的技术素养。怎样的技术素养呢？我觉得首先是能够获取对方真实想法的技术素养。

这番话说得有些佶屈聱牙了，说成大白话，就是"我想要在对方没有防备、没有掩饰，甚至是没有意识到的情况下，就完成了对对方的内心解读"，因为此时所得到的信息，才是最真实、最可靠的。基于以上的道理，我们在读心术中就有了一个独特的技术——冷读术。

不过话又说回来，冷读并不是一蹴而就的，这里面，其实有些"循循善诱"的味道，你和对方在不断深入交流的过程中，通过话术的使用来一步步地抽丝剥茧，最终得出你想要的信息，同时，也会让对方大吃一惊——你说得太对了！

好了，话不多说，我们来看看冷读术到底是什么样子吧。

何谓冷读

冷读术，英文说法叫作"cold reading"，其中 cold 一词并不是我们通常所理解的温度低的那种冷，而是有"趁其不备、暗中、突然"这样一层意思。而 reading 则表示读懂、理解的意思。综上所述，如果要给冷读术一个相对准确的定义的话，那就是：在对一个人没有任何事前了解的情况下，为其进行分析（这类分析可以是心理层面的，比如性格解读；也可以是现实层面的，比如猜测对方曾经经历了什么或当下有何困惑，未来是什么样的等），从而让对方认为他（她）与你虽然是初次见面，但你却如此了解他（她）。

通过上面的描述，大家是不是觉得它特别像一群人的工作内容呢？是的，我相信大家已经猜到了，那就是"算命师"。当我们理解了冷读术，就会明白为什么所谓的"算命师"可以知道你生活中那么多的经历，甚至一些你认为绝对不会有别人知道的事。从本质上来说，这一切与所谓的超自然能力并没有任何关联，也就是说，这个世界上没有人具有所谓通晓他人命运的能力。"算命师"之所以能够如此准确地洞悉你，很大一部分都是源于冷读术这项技能。

掌握了这项技能，你就能够看透他人心理，从而让他人按你的想法去做事。这项技能既可以用于日常人际交往，也可以运用到商业谈判中。我们今天之所以要了解以及学习冷读术，就是希望它可以帮助自己在日常生活与工作中，能够与他人更好地相处，建立和谐的人际关系，或者让他人更好地接受自己的建议。同时，它还可以让我们免于在人生绝望的时候被某些心术不正之人所利用。你一定要记住我说的这句话："任何人都不具备掌控你命运的能力，只有你。"

可能很多人会问，冷读术与我们平时所说的读心术到底是一种怎样的关系呢？乍听之下，貌似是一回事，但其实它们之间有着本质的区别。简单来说，它们之间是包含与被包含的关系。我们之前提到过，想要读懂一个人，最重要的是培养我们的观察者视角，去观察一个人言行举止当中所渗透出的潜意识层面的信息。从本质上来讲，读心术是带着某种目的去察言观色，其范围更广，而冷读术则是在某种特定的条件下去观察他人。

当然，从读心的形式上来说，有冷读，就必有热读。那么，什么是热读呢？热读就是通过事前对一个人的方方面面进行调查或观察，所获取的一定程度上客观确凿的信息，经过我们的语言加工表达出来，给对方营造出一种"这个人可以读懂我内心"的错觉。换句话说，冷读更多的是我们基于逻辑常识的推演或者猜测，而热读则更多的是有客观依据的观察与描述，只不过这种观察是暗中进行的，然后由我们的言语描述出来。

说了这么多，你一定会问，在对一个人没有任何了解的情况下，我们究竟该如何去做，才能了解对方的内心活动或者过往经历呢？

冷读术是如何工作的

好的，接下来就让我们来进一步看看"冷读术"的工作原理究竟是什么？

说到这里，我们不得不提一个在心理学界非常著名的试验：福勒效应，也称"巴纳姆效应"。这一实验经常被用于心理学教授在大学讲授"伪心理学"时所使用。

1948 年，美国心理学家伯特伦·福勒以自己的学生为对象做了这个试验，他将一份所谓的"个性分析"复印为相同的很多份，并分发给参与试验的所有学生，并告知这些学生，他们拿到的这份"个性分析"是专属于他们个人的。他们在认真阅读后需要根据测验结果与本身特质的契合度评分，0 分为最低，5 分为最高。但我们知道，这些学生其实拿到的是同样一份"个性分析"。尽管如此，这些参与实验的学生，仍然认为他们所拿到的这份分析文章与自身的个性品质契合

度在八成以上，最后的试验结果令人大跌眼镜：平均分数为
4.26 分。

而且，福勒教授在试验后公布了这份性格测试中所使用
的有关于性格的描述全部来源于星座与人格关系的文章当中。
从分析报告的描述可见，很多语句是适用于任何人的，这些
语句后来被心理学家保罗·米尔以杂技师巴纳姆的名字命名
为"巴纳姆语句"。而这个试验为我们揭示出了一个人类所
共有的心理现象：人们常常认为一种笼统的、一般性的人格
描述十分准确地揭示了自己的特点，当人们用一些普通、含
糊不清、广泛的形容词来描述一个人的时候，人们往往很容
易就接受这些描述，并认为描述中所说的就是自己。

正如一位名叫肖曼·巴纳姆的著名杂技师在评价自己的
表演时说，他之所以很受欢迎是因为节目中包含了每个人都
喜欢的成分。有趣的是，英国当代魔术师、心理学研究者达
伦·布朗在他的电视节目"心灵控制"当中，再现了这一试验。
试验中，甚至有参与者为所拿到的性格分析打出了 4.9 的高分，
实在非常值得我们深思。而我们今天所说的"冷读"，其实
就是这一试验的现实再现。

大家一定很好奇，福勒教授所使用的这份性格分析究竟
是什么样的描述，能让这么多人都感觉说的就是自己呢？那
么，接下来我就为大家分享两个所谓的"巴纳姆语句"或者

我们将其称之为"冷读式的语句"。

以下这段是来自于福勒教授的实验：

"你祈求受到他人喜爱却对自己吹毛求疵。虽然人格有些缺陷，大体而言你都有办法弥补。你拥有可观的未开发潜能尚未就你的长处发挥。看似强硬、严格自律的外在掩盖着不安与忧虑的内心。许多时候，你严重地质疑自己是否做了对的事情或正确的决定。你喜欢一定程度的变动并在受限时感到不满。你为自己是独立思想者自豪并且不会接受没有充分证据的言论。但你认为对他人过度坦率是不明智的。有些时候你外向、亲和、充满社会性，有些时候你却内向、谨慎而沉默。你的一些抱负是不切实际的。"

大家读完这段话之后有没有感觉它说的就是自己呢？我们再来看下面的内容，它来自于英国魔术师达伦·布朗的试验：

"你是个喜欢自我反省的人，经常不定期地进入自我觉察的状态中。这个习惯与你拥有的高超社交能力（你时常是聚会中的灵魂人物）互相对照，形成了鲜明的对比。但社交明星的形象只是你展现给别人的样子，你太清楚这只是一个肤浅的表象。

"这意味着，你经常发现自己处在一个聚会之中，并扮演着某个角色。一方面，你口吐莲花，妙语连珠；另一方面，你常常会看着周围的万事万物，发现自己无论如何也无法融入。你会在大脑里与自己强烈地对话，猜测某人的某句话到底是什么意思，而这句话好像其他人根本不会去在意。

"你是如何学会处理这种冲突的呢？通过自制力的训练。你喜欢给大家呈现一个冷静、自信、稳重但又不失灵活的人（不过鉴于这种形象是你刻意训练出来的，如果压抑久了就会产生某种反弹，让你做出一些愚蠢而又搞笑的举动，有时候你非常享受偶尔出现的极端行为）。与别人在一起时，你很容易发现自己这种良好的自制能力。你已经开始渐渐明白，与别人保持一定距离才能保护自己。鉴于以前别人曾让你深深的失望（此外也因为你在学习调整行为的过程中出了些问题），本能地与他人保持距离已成为你的习惯，直到某一天你决定允许他人越过你心中那条若有似无的线，成为可以分享你内心世界的密友。但是，这对于你而言仍旧是非常矛盾纠结的事情，因为一旦跨过了这道线，你就可能产生情感依赖的问题。如果对方辜负了你的期待，你会很容易出现受伤和被排斥的感觉。"

好的，我相信大家在读完以上标准的"巴纳姆语句"或者"冷读语句"后，一定发现了，这些话其实适用于所有人。但大家一定又会想说："算命大师怎么可能会用这些适用于所有人的话语来套路我们呢？我们又怎么会这么容易就深信自己被说中了呢？"请不要着急，带着这些疑问我们继续往下学习，你会找到答案的……

其实上述冷读话术之所以会骗到大家，是因为它巧妙地利用了人类的四种共有心理：

1. 具体化心理；

2. 补充心理；

3. 主观验证心理；

4. 不安全心理。

首先，具体化心理是指，人们倾向于将笼统模糊的信息，转化为具体的经历或者说可以被认知的事物，然后进行理解和接纳。我们以上述实验中的冷读语句为大家解释一下这个原理，当我说到"你的一些抱负是不切实际的"这句话时，你是否会发现，你的大脑已经开始帮你自动搜索出了很多不切实际的抱负？再比如，当我说"你已经开始渐渐明白，与别人保持一定距离才能保护自己"这句话时，你的大脑是不是会帮你搜索出你曾经是如何被人伤害，又是如何与人本能地保持距离，从而获取安全感的经历呢？

也就是说，当你听到模糊不清、模棱两可的信息时，你的大脑就会根据你以往的经验自动帮你加工成具体的信息了。这也就是为什么在生活中，我们总是因为一个人的话语所表达的意思不明确进而产生误会。因为这些模棱两可的信息确实没有表达出任何意思，而我们听到的仅仅是我们想听到的。

我们再看看什么是"补充心理"。补充心理是指，我们总是会对不完整的信息进行完整化的补充。当然，我们也可以理解为，所有人都喜欢"填空"。事实上，我们需要学会留白，在日常沟通交流中，这一点尤为重要。不要把话说得太满，会有人替你补充。

而"主观验证心理"则是指，如果想要相信一件事，我们总可以搜集到各种各样支持自己的证据。就算是毫不相干的事情，我们还是可以找到一个逻辑让它符合自己的设想。想要理解这一点，我们只需要看看我们平时是如何相信星座的，就会非常清楚，其实这就是所谓的逻辑闭环。当我们愿意相信水瓶座具有天马行空的幻想与理想主义时，我们就会在我们身上去找到所支撑这一论断的依据，并且无限制的放大，同时缩小那些说的不准确的信息，同时进行一轮又一轮的自我循环论证。就算没有，我们甚至会无意识地变成一个理想主义者，并告诉身边的人，看吧，水瓶座就是这的理想主义。

这也就是罗伯特·默顿所提出的"自我实现预言"。而这同样说明了，为什么算命师所预言的事情往往都会在生活中真的发生。当我们理解了这个主观验证原则，再回过头去看看之前的那两部分"性格分析"，你一定就会发现，你在不知不觉中就为那些原本含糊不清的或者说符合所有人的信息，找到了坚不可摧的事实依据。

最后，我们再来看看这些冷读话术是怎样利用我们的不安全心理的。是的，不得不承认的是，在这个焦虑的时代，每个人都或多或少的存在着不安全感。尤其是 20 多岁的年轻人，都会倾向于对自我进行探索，喜欢琢磨"自己到底是谁，从哪里来，到哪里去"的哲学问题。在上述两部分"冷读话术"中，几乎所有的描述都是人性中普遍具有的弱点，但因为言语温柔亲切，极易给人一种被读懂的感觉，几乎不会使任何读到这些文字的人产生抗拒。比如上述性格分析当中有这样一句话："看似强硬、严格自律的外在掩盖着不安与忧虑的内心。"当我们单独把这句话拿出来看的时候，你会发现，这句话其实是一段矛盾对立的描述，而这种矛盾对立的说法又非常准确地描述了几乎所有人都存在的一种内心状态，而且这句话又非常具有心灵抚慰的效果，因此我们不会产生抗拒感。

再比如说，当我们直接对一个人说："你有时很外向，有时又很内向。"你会发现，这样的性格描述有些生硬，没有感情色彩，甚至很容易让人感觉你说了一句废话。而按照冷读话术，这句话是这样描述的："你是个喜欢自我反省的人，经常不定期地进入自我觉察的状态中。这个习惯与你拥有的高超社交能力（你时常是聚会中的灵魂人物）互相对照，形成了鲜明的对比。但社交明星的形象只是你展现给别人的样子，你太清楚这只是一个肤浅的表象。"你会发现，当我们使用冷读术的思维去重新加工这句话的时候，这句话就变得非常真诚而且可信了。虽然这句话仍然是在描述一个人有时很外向有时又很内向，但却因为我们的描述添加了具体的生活与社交场景，又颇具感情色彩，因而瞬间变得生动有趣。这句话其实是在暗示对方是个性格十分有趣的人。最重要的是，听到这句话的人也会因自己被人理解而心生感动。

所以，当我们在冷读一个人的时候，试着把他描述成一个有趣的人，会令对方心生欢喜。

如何践行冷读技巧

那么，我们如何才能学会这项技术并且又当如何正确使用呢？接下来我们将着重讲解，如何在生活中践行冷读术。有这么几点，需要大家提前知晓：

一、使用冷读术之前你必须知道的四大原则

1. 永远保持解释而不是猜测的心态。

2.尽可能地让对方说他想说的话。

3.尽可能说对方想听的话。

4.永远将你见到的所有人视为这个世界上"独一无二"的人，对他时刻保持高度的好奇。

二、冷读的七大基本功

1.尽可能多地掌握既定的"冷读话术"（我会在本章的最后为大家提供些许模版式话术）。

2.学会使用语言动态分叉技术。

3.不断培养以及提升自己的观察能力，善于通过对方身上的行为痕迹揣摩对方的心理。

4.冷读时的语气要显示出高度的自信，尽可能地做到像在陈述事实，这样会减少对方对你的质疑。

5.学会根据所观察的事实进行大胆推理。比如，一个人经常喜爱穿纯黑色的衣服，你便可以描述为："你看上去非常有气质，很神秘，你应该非常喜欢颇具神秘色彩的事物。"

6.善于做一位倾听者。

7.不要忘记任何你所听到的信息，尤其是包含名字、地点、日期的相关信息。

下面，我们就针对以上这四大原则与七大基本功，为大家进一步详解冷读术的核心工作原理。请允许我在此声明，我们学习冷读术的真正目的，不是为了利用冷读技巧去成为一个算命先生以此去欺骗相信你的人，而是更好与他人建立信任关系，同时能够让他人接受你所给出的建议，从而提升你们之间的"亲密感"。

我们先来说说这四大基本原则。

关于"永远保持解释而不是猜测的心态"这一点。这是很多人在使用冷读话术的时候，经常会出现错误的地方，我们很容易在一开始将冷读话术当作猜谜游戏来使用。猜对之后表现得洋洋得意。恕我直言，这样的状态，并不会赢得对方对你的信任与好感，只会让对方发自内心地感到厌恶。因为，任何人在冷不防的情况下被人说中自己的心事，都会本能地产生抗拒，敬而远之。所以，我们正确的态度不是猜，而是在给自己所看到的信息一定的合理解释。例如，当我们通过一些观察得出某人是一个非常情绪化的人，甚至有些神经质，那我们就不可以当面直说，而是应该想办法将你所得出的这个结论与对方言行举止中所透露出的信息做一致化处理，怎么理解呢？就是说，你需要仔细观察他是否真的有从言行举止中流露出情绪化的倾向，并在合适的时机用解释的语气说出来，比如你看到了他每次穿的鞋子都是非常干净的，但鞋子又并不是新买的，也许就说明了此人异常注重外在形象是否给他人留下好的印象，而这部分人群都是将安全感建立于外部世界的，因此比一般人更加焦虑且敏感，因此情绪化的情绪可能会更加强烈。

关于"尽可能地让对方说他想说的话"这一点，我相信身为一名读心者，我们必须做到：我们说什么不重要，重要的永远是对方的表达。从冷读的角度来说，对方说得越多，我们可能获取的信息就越多，因此在与他人的对话过程中，千万不要急于发表意见或是打断他人的倾诉。大家一定要时刻谨记，只有当对方感受到你是真心真意地倾听他的诉说时，他才有可能会有更多的精力来听你说话，从而也就更有可能愿意相信你给出的建议。

关于"尽可能说对方想听的话"这一点，通过上述分享给大家的福勒实验中的冷读话术，我们应该不难发现，大部分语句都是我们乐于听到的。比如：你是个喜欢自我反省的人，经常会不定期地进入自我反省的状态。我们看看这句话，难道有人不喜欢别人这么看待我们吗？在生活中也是如此，当你的女朋友在向你展示她新入手的衣服、鞋子或是包包时，并不需要你给她讲"女孩子不应该太过于讲究外在，而是要提升内在"这样的道理，她仅仅是希望得到你的赞美。因此，如果我们想要成为一名合格的读心者，一定要不断提升自己在这方面的能力，在说话前永远思考，对面这个人，他究竟想听的是什么？

关于第四点，永远将你见到的所有人视为这个世界上"独一无二"的人，对他时刻保持高度的好奇。要想更好地理解这句话，我们还是需要从恋爱关系中来看。我们经常在某对情侣的争吵中听到类似于"我在你眼里究竟有多重要"这样的话语。这句话背后所传达出的意思往往是，我希望我在你眼里是独一无二的。回到我们的冷读术的目的来看，不就是希望与他人更好地建立亲密关系吗？因此，永远将你眼前出现的这个人当作是独一无二的，用心去留意他的一举一动，你会有非常多的发现。从这个角度而言，我们需要时刻警惕一种定势思维——人以群分。永远不要以一类人去框定某一个人。

以上就是我们所说的使用冷读术之前，应该要了解并践行的四大原则。我们只有在很好地践行这四大原则的基础上，才有可能发挥出冷读术最大的效应。接下来，我们就带领大家进一步学习冷读术的基本功。

首先，七大基本功最根本的一点就是需要我们尽可能多地在生活中搜集冷读语句，也就是我们在前面分享给大家的那两部分性格分析中的语句形式。在这里，还有一些我们经常会使用到的语句，比如：

"你拥有很强的创造力，并且尝试了很多种办法来实现它，但很多都半途而废了，也许你并没有以某种具体的方式来实现它，比如画画、写作，而是将自己所拥有的这种创造力付诸生活的各种细节当中，甚至你的生活方式本身就充满了创造力。"

大家看看这一小段话如何？你会不会很喜欢呢？当然，每个人都会很喜欢这类的分析，这句话之所以会让人感觉到拥有很神奇的契合度，是因为如果你恰好学习过绘画或写作，就会认为这句话说的很准，而忽略掉其他的部分。即使你没有学过绘画或写作，没关系，你也同样会因为自己的内在创造力被人发现所洋洋自得。

这就是所谓的冷读话术，是不是很耐人寻味呢？我们继续给大家一些这样的句式：

"你本能地与他人保持着某种程度的距离，这已然成为你的一种习惯，直到某一天，你决定允许他人越过这条你内心的界限，成为你的知己好友。但你会发现，对方一旦越过，你又会感觉到极度不适，因为你很容易对对方产生情感的依赖。"

这句话其实是在阐述"一个人很容易对他人产生依赖"这样一个观点，但却因为添加了很多放之四海而皆准的话语，给人一种被读懂的安慰。听完这句话，对方的内心就会感到

"哇，居然有人这么懂我的苦恼"。其实，这句话并没有说到什么具体的信息，只是因为它的表达方式非常具有开放性，让人从中看到了自己想看到的东西。

想必大家看到这里已经可以抓到冷读话术的基本结构了。相比于干巴巴的直接断言，冷读话术因为添加了一些情感类的话语，更能令人产生共鸣。

说到这里，你可能依然会质疑，这样笼统概括的话术，真的可以起到读心的效果？这里我想引用一本古老的美国灵媒书籍《通灵师笔记选摘》当中的几句话："世界上根本不存在真正的通灵师，也就是所谓的可以自由与死者沟通并将其信息传播给他们在世亲友的人，也不存在所谓的可以精确有效地预测人们未来生活的人，这样的预言都是假的，只不过用了好看的包装来骗人。请记住，越绝望的人越容易上当受骗。紧张焦虑是绝望的一个重要标志，你可以从对方的言行举止当中判断出其是否正处于紧张焦虑的状态。"因此，我们说，冷读术之所以可以有这么迷惑人心的作用，仅仅是因为，我们需要安全感，而这些听起来让人感到非常舒适的话语往往可以满足我们的这种心态。当然，你一定会想，万一这些话，说出来被对方否定了不就一切都不成立了吗？别着急，这就是我接下来为大家分享的。

冷读术的核心技巧

冷读术成功的关键技巧——语言分叉术。当你的话语受到对方的质疑时，语言分叉术的使用，可以帮你迅速且不动声色地跳出这一尴尬的境地。语言分叉术又分为两个基本部分：

一、无法证实的预言

有些所谓的算命大师经常会说，你在某年某月会恋爱，如果到了那时你没有恋爱，算命大师又会说，你身边已经出现了这个合适的人选，只是你并没有留意，或者你做了什么事情导致你无缘这段恋爱。这就是所谓的无法证实的预言。那么我们在日常生活中该如何运用这一技巧呢？当你在赞美别人时，它非常有用。比如，当你想要赞美一位你心仪的女孩，你可以说，你最近恋爱了吧？这个问题还可以帮你有效直接地了解到你是否存在情敌。如果她的回答是没有，你可以直接回复她："没有恋爱吗？那为什么你的气色看上去如此的好，感觉整个人更加漂亮了。"有没有发现，这样的赞美方式，要比你直截了当地赞美他人，更容易使人相信你是真诚的呢？

还有一种情况是，当你询问对方是不是恋爱的时候，对方会回复你，为什么会这么问？这时，你就应该知道，你已

经说中了，而你的回复当然不能是"我猜的"，你依然可以
使用无法证实的预言，这样回答："一看你的气色就知道呀，
眼神充满了喜悦以及对周围事物的好奇，一定是你的男朋友
激发出了你少女心的一面，他应该是个很不错的男士吧。"
这样，你不但夸赞了这位女士，同时也夸赞了他的男朋友，
而且，她还有可能会因此更加信任你，向你倾诉更多信息。
由此，你便可以继续使用冷读，为她多做分析解读，最终让
她更加信任你。

二、动态折返

有时我们会这样解读一个人："你的脾气不是很好，这
难免会给你在人际交往的过程中带来不必要的麻烦。"这样
的说法可能会得到对方的肯定，也可能被对方否定。如果得
到的答复是肯定的，那么你可以继续进行冷读："这种脾气
对于你而言是可以被理解的，因为你已经意识到了这个问题
的严重性，你身边的亲朋好友明知道你这样的脾气却不敢告
诉你，是因为害怕你产生抗拒。你目前的状态，已经在提示你，
你应该直接面对身上的某些东西了，因为它们会阻碍你建立
良好的亲密关系。"

当我们的冷读遭受到否定或者质疑时，我们不能轻易放

弃，而应该迅速调整心态，使用动态折返，将话语改变成如下这样："请原谅我没有说明，脾气大并不代表你经常暴跳如雷或是大吵大闹，鉴于你是一个善于压抑自己情绪的人，即使内心早已掀起巨大的波澜，外表看起来仍旧波澜不惊。你总因此失眠，有时甚至讨厌这个状态的你，但却无力改变。"

你会发现，当我们使用动态折返的技巧，将话题引向了对立的一面，不仅没有让我们的冷读产生错误，反而让我们的表达更为深刻。

如果用一句话来总结"动态折返"，那就是，当你说出一个推论，就要开始关注对方的反应。这种反应不一定是言语的反应，也可以是表情或动作的反应。当你发现了对方的蛛丝马迹之后，就必须要马上做出反应。你需要将话题进行分叉转移，直到她肯定你的解读为止。

这便是七大基本功中最重要的核心技巧，也是算命先生所使用的终极语言技巧。再次强调，当你对生活焦虑不安时，你便很容易中冷读术的圈套。

培养出色的观察能力

观察力的提升对于读心术的重要意义，在此不多做赘述。

总结一下，你需要观察一个人的哪些地方：

一、频繁出现的强迫性小动作。它提示你，对方内心正处于焦虑不安的状态，同时也说明，对方具有情绪化的倾向。

二、留意对方的鞋子是否经常处于非常干净的状态，以此推测对方过于注重自身的外在形象，做事多以自我为中心，有焦虑症、强迫症的倾向。

三、身上的配饰。这些配饰具有很强的情感调节与身份识别作用，仔细观察，至少可以说明对方的经济能力。当你看到对方手上佩戴了佛珠一类的饰品，如果对方不是上了年纪的收藏爱好者，就一定是充满着不安全感的迷茫者。

四、注意观察手的样子，能够判断对方的工作环境是干净还是脏乱的，这有助于我们识别出对方的职业。

五、留心观察对方随身携带的物品。

六、注意对方的言语和用词习惯。如果对方经常以"我认为""我觉得"为开头来发表讲话，则此人有极大的自私自恋倾向。

七、年龄。很多人尤其是女性是比较忌讳别人问其年龄的。

八、健康状况。如果对方在站立或者坐卧时喜欢依靠某些东西，这通常表明对方的气血不足，或者说生命力不够旺盛，处于亚健康状态。如果对方的眼球显得有些浑浊，这说明对方可能存在睡眠问题。如果对方腰不够挺背不够直，而且走路时给人一种上了年纪的感觉，那么他很可能是长时间处于焦虑不安的状态。

以上这几条是大家在做冷读之前所需要反复仔细观察的地方。希望大家在生活中多多留意。

冷读术的使用流程

最后，在这里为大家提供一套冷读的使用流程，帮助大家理清使用时的思路。

一、谨记四大原则，并长期践行，当身边的人感觉到你是一名很好的倾听者时，你的冷读术就只需要等待一个合适的时机了。

二、注意使用冷读术时的声音、语调，尽可能地保持语速缓慢，声音低沉且富有情感，当然一定要保持陈述的语气，减少质疑的口吻。

三、根据自己的观察，整理几句适合用于开场的冷读话术，例如"你有没有发现你的个性很容易吃亏，但你却并不讨厌这样的自己"或是"你安静的外表虽然给我冷冰冰的感觉，但我好像可以感受到你的孤独"等等。

四、说出开场冷读话术后，观察对方的表情，等待对方的回复，得到肯定的答复后再继续解读。有一点建议是，如果对方对你产生了强烈的好奇，建议不要继续冷读，这会让你不自觉进入卖弄的感觉中，要学会留白，维持神秘感。这一点很重要。如果遭到了否定，灵活运用动态折返技术，将话题转移到对立的一面，如果继续得到否定，就再折返回来，循环反复，直到对方肯定为止。如果实在不知道该如何往下进行，不妨试试"无法证实的预言"，比如，你可以说："你真的给了我这样的感觉，我相信你可能没有意识到……"

虽然讲完了冷读术的四大原则、七大基本功和使用流程，但需要注意的是，冷读术并不是那么轻易能够练就的，这里面既要有熟练的技术，更要求冷读者自身的强大心理素质——否则，还没等你摸清楚想要的结果，对方就已经发现了你的破绽，那就尴尬了。

所以，我建议各位读者朋友：在不必要的情况下，不要强行故弄玄虚去使用冷读术，以免弄巧成拙。在真正使用冷读术的时候，请先建立起你自己对于交流和试探性对话的自信心。

我们说，人天生倾向于得到"答案"，换言之，每个人都有关于人生各种命题的疑问，这是否向我们提示了一个非常重要的信息：顺着人们心中的疑问走下去，也许我们就能促使"亲密感"的建立？

最后，你是否想知道，不同年龄段的人最想听到些什么？他们心中的疑惑有哪些呢？我们又应该如何巧妙地利用冷读技巧呢？（考虑到大部分读者的实际诉求，仅以 18—55 岁的男女来举例。）

大多数 18—35 岁的男性心中容易感到疑惑的话题：

1.工作；（我是否应该更换我现在的工作？）

2.个人成长；（我应该做些什么让我自己成长得更快？）

3.情感关系；（已到适婚年龄的我，究竟应该何去何从？）

4.安全感；（有人愿意在事业或生活上帮助我，我应该欣然接受吗？）

5.心理状态。（我总感觉内心有一种强烈的莫名的焦虑，我该怎么做呢？）

大多数 18—35 岁女性心中容易感到疑惑的话题：

1.吸引力；（我想知道我在男人眼里看起来是怎么样的？）

2.自我否定；（我是不是不配得到某人的爱？）

3.情感关系；（面对异性的追求，我不知道该如何处理？）

4.社交关系；（为什么我总感觉别人在针对我？）

5.独立。（我想要经济独立，但我究竟该怎么做？）

大多数 33—55 岁男性心中的困惑：

1. 事业；（某个重要的生意会不会如我所愿交易成功呢？我应该为这个项目投资吗？）

2. 健康；（为什么最近我总感觉身体不舒服？）

3. 关系；（为什么我总感觉别人不喜欢我？）

4. 目标。（对于我来说，现在再去追求什么是不是太晚？）

大多数 33—55 女性心中的困惑：

1. 婚姻；（我对于我的丈夫是否对我忠诚拿捏不准。）

2. 命运；（我想知道我为什么一直感觉不顺？）

3. 健康；（我想知道我身上出现的某个症状是不是预示着我得了什么严重的疾病，我该怎么办？）

4. 选择；（我该如何判断我的选择是正确的？）

5. 出行。（我是不是应该经常去旅行？但我好像因为各种事情牵绊始终没办法做到。）

了解这些话题，可以让我们在初次见到某个人的时候，就能通过观察以及其他细节发现对方心中的困惑，抑或是当他人主动向我们倾诉这些问题时，我们可以有效地通过冷读去给予回答。当然，我们在冷读时要做到不替他人做决定，不伤害他人。比如，有一位 25 岁的女性询问你："我感觉某人总是针对我。"这时，你应该如何组织你的冷读话术，把话说到对方心坎里呢？你不妨试试这样回答："我能够从你最近的状态中感觉到，你总是被这种莫名的情绪所压迫，你总感觉她在针对你，甚至开始影响到你的工作状态，但其实你也很清楚，这种威胁只存在于你的脑海中，而对方可能并不是很关注你。换句话说，你内心中也许真的存在一个敌人，但你清楚那就是你自己，如果你不去理会她，她也一定伤害不到你。"

践行冷读是为了说对方易于接受的话语，从而与对方建立牢固的信任感与亲密感，给对方营造出一种被读懂被理解的感觉。但请切记，千万不要将其应用到算命和迷信上，毕竟，我们谁都不是别人命运的主人。

第四章

读心人的思维方式

从某种意义上来说，每个人都以"频道"的形式向外部传递信息，那么一个人身上究竟有多少值得我们接收信息的频道呢？我们将从以下几个问题进行探讨。

1. 情绪与情感；

2. 表情；

3. 私人空间中的"痕迹"。

哪怕是最豪爽、最粗线条的性情中人，都会有那么几个瞬间，为自己释放出的或极端或糟糕的情绪而后悔。想要管理自己的情绪，首先你要成为情绪的"知己"，然后才有可能成为情绪的"主人"。

在本章，我们会先从了解情绪开始，逐步剖析情绪背后蕴含的基本规律。有了这些规律，我们就能够驾驭自己的情绪，不让自己变得那么"透明"。当我们真正懂得"情绪"的时候，就是我们距离人心最近的时候……

情绪与情感

洞悉他人的情绪是我们解读他人的一条非常重要的途径，因为情绪对于我们每个人而言总是后知后觉的。通俗点来说，我们的行为和决定总会被情绪控制，我们很少会做出我们真的认为应该做的事情。更多的时候，我们被情绪所驱使，而当做出某个决定或者行为发生之后，我们常常会苦恼，为什么我们会选择那样的方式来处理事情。从某种意义上来说，我们都是情绪的"囚奴"。

我们所要搞清楚的第一个问题是，情绪究竟是什么？从何时开始我们有了情绪？关于这个问题，人类学、行为学与心理学都有相关的理论探索与研究，到目前为止，我们基本可以确定的是，情绪是人类与生俱来的，它不受国家与文化的制约。所有人都具有同样的基本情绪。

常见的基本情绪有悲伤、愤怒、惊讶、恐惧、厌恶、蔑视、高兴、愉悦等。我们身在不同文化或不同语境中，情绪的表达方式并非别无二致，这里涉及一个概念，我们称之为"表露规则"。著名心理学家保罗·艾克曼在其《情绪的解析》一书中说，所谓"表露规则"是指人们在社会生活中学到的，依照不同文化而产生的不同的控制表情的规则，即某人应该向谁表现何种情绪，以及什么时候表现。

也就是说，我们表达情绪的方式大都是通过后天学习得来的。比如空乘人员在服务乘客时的微笑，父母从小教育我们在公众场合要注意仪表，情绪不要过于夸张等。不同国家的文化对于情绪的表达也有不同的要求。比如，日本人就要比美国人更加懂得抑制自己的负面情绪。所以，我们常会看到美国人在说话时大都"声情并茂"，表情比较丰富，而日本人则尽量以微笑来抑制内心负面的情绪。

也正因为面部表情会遵循这样或那样的表露规则，所以，表情有时是充满欺骗性的。身为读心者，我们需要做的就是根据具体的情绪诱因去推导此时对方应该具有的情绪，然后通过微表情观察训练去鉴别此时对方所展现的表情是虚假的还是真情流露。

从另一个角度来看，情绪就像是生存机制一样的生物机制。当生活中很多突发事件无法给我们留出足够的理性思考时间的时候，情绪就会超越理性而出现。而这也就是我们现在所说的"应激反应"。遥想我们的祖先在野外觅食、打猎的时候，为了生存，他们必须立刻做出很多即时反应。比如试想一下：当我们在面对一只老虎的时候，我们哪里有时间进行所谓的逻辑分析呢？我们一定会在情绪的控制之下做出一连串保护自己的反应。也就是说，情绪会帮助我们在面临个人利益或生命威胁的时候代替理性做出行动。这也就是我们在生活中常说的"下意识"。

情绪除了帮助我们做出判断外，还会给我们的生活制造麻烦。比如"情绪化"的时候，我们会做出在旁人看来完全不合逻辑或是极为冲动的决定或行为。这种不适当的情绪化，大致可以分为下列三种情况：

1. 我们表现出来的情绪相对于感觉过于激烈，比如：担心的心理体验是正常的，但是担心过度就会导致我们所说的"恐惧"。

2. 有情绪是正常的反应，但是表达方式却不正常，比如生气是正常的情绪反应，但如果我们非要在生气的时候保持沉默，就是不正确的处理方式。如果我们把情绪看作是一种能量的话，能量必然是守恒的，也就是说，当我们生气的时候，不通过合理的方式疏通出来，而是通过诸如沉默的方式压制下去，那么，这股负面的能量没有消失，会去到哪里呢？

3. 第三种不适当的情绪化，既不是因为我们表现出来的情绪过于激烈，也不是因为我们处理情绪的方式不对，而是在某些时刻，我们所产生的情绪本身就是不合理的，这种不适当的情绪化往往比以上两种更能够造成可怕的后果，也很难改变。通俗点来说就是，我们并不是害怕面对事情，也不是表达害怕的方式不对，而是事后才发现，当时根本没有必要害怕。

我们可以仔细想想，自己的生活中有没有类似的事情呢？如果有，那请你一定要记得，这一类的不适当情绪化，有可能导致我们生活得非常不愉快。那么，如果有，该如何改变现状呢？想要改变情绪化，首先，我们要能识别出发生在我们身边的多种情绪诱因。如果我们可以清晰地识别出哪些情绪诱因是我们不想要的，我们就可以更好地管理情绪。

大致来说，情绪的诱发因素被分为九种：

1. 自动化评估

自动化评估往往是以集群的形式存在的，因此我们也称其为"自动化评估集群"。而这个集群与我们用来接收外界信息的各个感官如视觉、听觉、味觉、嗅觉等相连接。除此以外，自动化评估能够成为引发情绪的最大诱因还关乎于人类的进化过程，比如说，很多人会不同程度地害怕蛇、蜘蛛、怕黑、怕高，也就是说，人类共有的情绪诱因并没有伴随着生物进化而消失。这些诱因发生在我们的祖先身上，留存于我们的基因当中。情绪的产生通常都是来源于自动化评估，这套评估系统会帮助我们时时刻刻地检测周围世界的动态，并通过我们的五官感知外界发生的一切是否与我们先天经验所能产生情绪的事情相勾连。

2. 思考性评估

举例来说，当你与某人在交谈的时候，对方的某一句话或是某一个举动会引发你的一连串思考，尤其是当你在揣测他为什么会这么说的时候，必然会产生情绪，这种情绪可能是厌恶也可能是愉悦。我们总是无意识地将对方的言行与曾经那些令我们感到愉快或不愉快的经历做某种程度的关联。

我们经常看到这样的典型场景，某位女性质问她的男友，你是不是和那个女人有暧昧？此时她的双眼会直视男友，男友此刻的行为举止就会成为她验证他有没有说谎的参照物。如果男友表现出以往说谎时的那种不自然，女友瞬间就会判断男友说谎了，原因就是女友做了思考性评估，她关联了以往的经验。如果男友的表现超出了她的经验范畴，她便无法做出判断。这里我们不难发现，其实这种思考性评估往往会导致错误的判断。因为人在说谎的时候与单纯因为压力而感觉到的紧张在生理变化上几乎是一致的，这在心理学当中被我们称为"奥赛罗的错误"。

也许大家会发现，"思考性评估"与"自动化评估"有些相似，没错，他们之间的运行机制大致是这样的：当我们面对一个人或一件事物的刺激之后，首先我们的自动化评估集群会试图做出判断，但有一种情况是自动化评估也无法及时处理的，比如，刚才我们所说的女性质问男性是否移情别恋，这时，女性也是不敢确信的。面对外界信息不明确的情况时，思考性评估就要接手这份工作了。她就需要更多的时间来思考，她的另一半究竟有没有欺骗他。虽然思考性评估可能会令我们思考的方向发生错误，但总归是给了我们在做任何判断与决定之前多多思考的时间，让我们对自己本能的反应做出质疑。

3. 回忆

不知道大家有没有过这样一种体验，每当我们想起过去发生于某个场景下的某个人或某件事情时，会一瞬间变得非常情绪化，比如，当我们回忆某段逝去的恋情时，总会回忆起一些非常细节的桥段，甚至回忆得非常生动，不仅有画面感甚至连声音仿佛都能听得到，随之而来的便是久久无法平静的悲伤情绪。

如果你深有体会，并且在回忆时感到一种悲痛的情绪涌来，说明你已经陷入"记忆重构"中，这是心理学上的一种催眠技巧，也被称之为"心锚"，意思是指，通过充分调动回忆联想的能力，引发我们想要的情绪和情感。举例来说，当我们在脑海中回忆某位至亲或是好友离去的场景，难免心痛，引发悲伤的情绪，也就是说，当我们调动回忆的时候，我们不仅重新经历了一次当时的事情，还经历了一次当时的感受。但是，我们很多人都被一件事情所欺骗了。不少心理学家已经通过有效的研究证实，没有人能够确定过去发生的事情的真实性。换句话说，记忆确实会随着时间的改变而发生改变。

奥地利著名心理学家阿德勒认为，对于一件确实存在的事情来说，一个人所认为的真相往往比客观的、事实上的真相更重要。过去的经历是重要的，但更重要的是当我们回忆起那件事情的时候内心的想法与感受。

你的过去可以影响你现在的想法、感受和行为，但千万不要忘记，你现在的想法、感受与行为反过来也会"改写"曾经的那段记忆，并且，随着时间的推移，有一天，你会发现原本悲伤的经历再回忆起来也会有值得欣慰的地方。据相关研究表明，一个人对过去的态度是形成感恩心理的关键，它会使你对目前的生活状态感到满意。

4. 想象力

想象力可以为我们创造出想象中的鲜活场景，这一点倒和回忆颇为相似，但是你应该也可以感觉到，想象中的场景往往会带来情绪。这种情绪可以是令人兴奋且紧张的，也可以是令人倍感压力的，比如，当你脑海中浮现出你两天后要参加的一场面试时，这样的想象可能会令你在屋子里来回踱步，变得情绪化。

5. 谈论使人感到愉悦或兴奋的过去

心理学家保罗·艾克曼在其微表情的研究中发现，仅仅让被试者谈论过去，也足以调动起他们曾经有过的情绪。这

会不会给我们一定启发或指导意义呢？比如，当你感觉整天
都无精打采的时候，试着找到值得信赖的同事或朋友，和对
方聊一聊那些曾经辉煌的事迹，这样你一天都会有好心情。

6. 目睹他人的情绪反应

就像感冒一样，情绪一样会传染。也就是说，当我们看
到别人正处于某种情感时，那种情绪也会传染给我们，使我
们拥有相同的感受。比如：看一段文字、欣赏一部电影或是
听一首歌曲，我们似乎都会感同身受，产生共鸣。原理大致
是这样的，我们的头脑将这些画面、文字、声音或者气味通
过我们的五官感知传送到自动化评估体系并进行处理，从而
触动了我们的情绪。因此，你想被什么样的情绪所传染，决
定权在你手中。

7. 模仿

很多时候，导致我们情绪化的原因仅仅是因为从别人那
里得知什么情况下你会害怕、什么情况下你会开心。这种情
况通常来自于童年时期父母对我们的言传身教，比如，父母
会因为什么事情而变得情绪化，我们就会不知不觉地把他们
的情绪诱因演化成自己的。这种模仿能力是我们天生具备的。

8. 违反社会规则

通常情况下，违反社会规则的人会激起我们强烈的情感，
这个部分的情绪化反应，主要是由于后天学习得来。比如我

们都知道，面对随意插队的人应该表示愤怒。这种群体的无意识倾向往往是群体中的人容易忽略掉的。当你读完这一节，我希望你可以在日后的生活中多多留意，什么样的群体习性是我们应该学习的，而什么样的破坏性情绪是我们应该抵制的。

9. 制造情绪

生活中有很多情绪其实都是我们人为制造出来的。比如，你一定听过这样一句话："想让自己开心，就请先假装开心。"这句话是有着充分的科学依据的。心理学家发现，我们的情感会引发身体做出相应的表达，比如开心的时候，我们会感觉身体轻飘飘的，眉毛嘴角都是向上扬起的。既然情绪会令我们的表情以及肢体动作产生改变，那么我们是不是也可以反向操作呢？如果我们有意识地改变自己的表情，尤其是面部表情，是不是也会引发相应的情感？试着出门前面对着镜子做出微笑的表情，相信你会有心情不错的一天。

表情

说到表情，身为读心人，我们可能很难绕过微表情这个概念。前些年有一部比较火的美剧 *lie to me*，也就是《别对我说谎》，该剧以微表情领域的著名学者保罗·艾克曼为主角原型，生动刻画了主人公卡尔·莱克曼博士以微表情解读能力屡屡破获大案要案的故事，让大家对于微表情读懂人心的能力心生向往，一时间"微表情读心术"也成了大家茶余饭后的谈资。

在浙江卫视的《王牌对王牌》节目中，我曾结合微表情、词语联想测试以及肌肉阅读去识破节目嘉宾张国立、沈腾、王源以及林更新这四人中，谁藏了我的怀表，最后的结果是我成功了。所以，微表情真的有那么神奇吗？在这里，我想告诉大家的是，要想解读微表情，我们首先要对微表情有一个合理、科学的认识。

我们需要了解并掌握的是，人的面部主要会呈现出三种不同的表情，分别是轻微表情、局部表情和微表情。轻微的表情运用了脸部整体的肌肉，但是强度不会很大；脸部每一块肌肉都构成了表情的一部分，但变化并不明显。轻微的表情说明人的心理正处于弱势的情感状态，或者说，它表示我们可能是在有意识地掩饰某种强烈的情感，但没有获得成功，最终遗留下来了一些表情迹象。比如大家在看足球节目时，当比赛结束的哨声响起时，两队队员礼节性地相互拥抱。那一刻，你可以按下暂停键，细细地观察失败一方球员的表情，能感受到对方失落的情绪。这种轻微的表情会在脸上停留较长时间，因此我们很容易看到。

局部表情则指运用面部的一部分肌肉表现出来的情绪。这些表情可以非常强烈，也可以很轻微。正因为如此，局部表情既可能意味着一种微弱的情感，也可能意味着某种没能隐藏住的强烈情感。

而微表情，顾名思义，是指面部发生的极其微小、转瞬即逝的变化。需要提醒大家的是，我们在日常生活中所说的观察到对方脸上带着的某种表情，可能并不是微表情，而是属于前面所提到的轻微表情与局部表情。微表情往往是裸眼极难辨识出来的，那么，是不是说我们就没办法辨识它呢？其实不然。

比如，当一位员工被问到"你觉得你的老板为人怎么样？"时，他非常肯定地说："老板为人公平正直，对待员工和蔼可亲。"话音未落，这名员工紧接着又说道："老板对我特别好，当我工作出错的时候，他总是很包容……"

一个没有经过相关微表情训练的人很容易被这名员工的言语所打动，从而相信其老板的为人，但事实真的如此吗？很遗憾，如果你将这段对话通过录像的方式回看的话，你极有可能看到，当这名员工提到老板为人正直而公道的时候，他仅仅只有嘴角向上扬起，大约形成仅 1/5 秒的讥讽表情，很快消失了。然后，当他继续说到老板对他的错误常常能包容的时候，他又向下蹙起了眉毛，同样转瞬即逝，这一表情说明了当他说出这句话的时候，内心正体验着害怕与担心。如果再综合观察她的肢体动作与呼吸情况的话，我们便可以清楚地判断出，这名员工不仅不喜欢自己的老板，反而对自己的老板有某种程度的恐惧。

通过以上这一案例，我们不难总结出关于微表情的如下特点：

1. 它停留于面部的时间非常短暂，通常仅有 1/5 秒（也有说 1/25 秒）。

2. 微表情来源于某种抑制与意识后的修正，也就是说，来源于外部的某种刺激导致我们产生了某种表情，但我们很快意识到不该出现这样的表情，同时成功加以抑制。所以，想要通过微表情解读他人，必须在有所谓"刺激源"的情况下进行，也就是说，如果一个人在进行某段事先排演好的表达时，我们是无从判断的。

3. 微表情不是单一出现的，往往伴随着与之不协调的肢体动作，比如抚摸脖子等脆弱部位，这代表了一种安慰性的动作。意思大致是，我刚才好像表现出了什么不应该表现出来的，我很焦虑，我要安抚一下自己。因此，我们会发现，要想识别微表情是非常困难的，但正如前面所说，也并不是完全没有办法。

这里分享给大家一个非常有效的方法。首先，我们需要牢记七种典型的情绪类型，分别是惊讶、悲伤、愤怒、害怕、快乐、厌恶与轻蔑。练习的方法大致是，每天抽出半小时时间，将这些表情的图片观察一遍，并牢记每一种表情动用了哪些肌肉，然后，将眼睛闭起来试着去回忆每一种表情的面部细节特征，回忆一遍睁开眼睛确认一次。熟悉了这样静态的观察后，我们就可以进入动态的对话练习中。对我而言，最有效的莫过于找一家咖啡厅，坐在一个可以看到大部分人的座位上，环顾四周，试着屏蔽他们说话时的声音，只关注于他们脸上的表情，看看能不能找到你所熟悉的那七种表情。但是切记，不要强行对号入座，一定要确定你捕捉到了相应部位的肌肉运动。

还有一个方式也可达到这样的练习效果，那就是看电影，但是我们要有意识地将声音完全关掉，我建议各位可以多看看国外的电影，正如我在前文中所说，西方人通常很善于运用情绪语言，是我们用于练习的绝佳范本。当然，无论我们通过什么样的方式进行练习，切记不要妄下结论。

虽然微表情的练习有助于我们识别谎言，但仅仅靠它是不行的，为了提升识别谎言的成功率，我们必须结合其他肢体语言，甚至需要结合语言表达、人物的性格等很多因素进行综合判断。

也许你会有所疑问，微表情可以被掩饰吗？其实，想要掩饰微表情几乎是不可能的，因为"微表情"属于一种"应激反应"。也就是说，它是我们为了抵御外界刺激所做出的情绪反应，而这种反应基本上是不依赖于自我意识的，换句话说，是来自于潜意识的，是我们很难自主控制的，甚至更多的时候是连自己都不会知道的。也正因为如此，在日常生活中训练自己观察以及识别微表情的能力就变得非常重要了。

也许你会说，就算能够识别出对方的微表情，就一定可以准确地识别谎言吗？答案毫无疑问，这远远不够！你还需要了解识别谎言的几个关键步骤：

1. 建立常态化基准线

虽然我们拥有七种全世界共同的基本情绪，但在这个世界上，没有完全相同的两个人，即使在面对相同事情的时候，我们都有着截然不同的想法、感受与行为。因此，在评估一个人是否说谎之前，你要首先评估他在说真话时候的表情、行为、声音等方面的特征，掌握这些特征有助于建立我们所说的常态化基准线。举例来说，你可能会有这样的生活体验，当我们面对一个长期相处的人，总是可以很容易就知道他什么时候说谎了，虽然我们无法准确地说出对方哪种表情或行为出卖了他们。这便是因为有关于这个人的常态化基准线早就植根于我们的潜意识之中了。潜意识帮助我们快速检索出了对方在哪些地方一反常态。因此，我们很容易发现。

对于陌生人来说，我们就必须时刻注意收集有关建立基准线的线索。当然，基准线的建立不仅要从微表情出发去收集，还要从行为与其他方面去收集。在我们没有确切把握已经建立了对方的基准线的情况下，我们是不能够准确去分析对方的心理的。试着多多在生活中观察，你会慢慢体会到其中的奥妙。当然，仅仅观察并不够，我们还需要将对方说真话时的表情记录下来。无论是文字描述还是图片储存都可以，总之一定要记录。那么，当我们建立起了一个人的基准线之后，下一步呢？

2. 学会使用检查性提问

要想令一个人出现应激反应，善于运用有效的刺激是必不可少的方法，最常使用也最有效的方法就是"检查性提问"。当我们对一个人抱有质疑的态度时，试着这样做，先让对方尽可能地处于放松或愉悦的状态下，随意地和他简单闲聊，记住任何涉及你所怀疑的事情，或是问一些你早就知道答案的问题，这就叫作"检查性提问"。借着这样的机会，观察他的面部表情在说真话的时候是如何表现的。当你顺利地和对方交流过后，就到了比较关键的一步。

3. 诱发谎言

举例来说，假设你想要去买一台电脑，但你并不了解哪个品牌的电脑性能更好，你可以通过一些别的渠道先行了解一个大概，然后走进电脑市场，并对某个品牌专卖店的老板说："我从朋友那里得知，你家的电脑性价比非常高。"当然，我们知道，性价比是一个模糊性的词语，根本是个各有论断的词语，但这样的词语便可以诱发出对方的谎言，如果对方此时向你边赔笑脸边说道："是的，没错。"那么，你就会明白对方有多么不诚实了。想要诱发对方的谎言，你需要注意两点：第一，你的提问必须让对方听起来非常可信；第二，你必须完全确定你所提出的问题是一个谎言，也就是说，你需要用一个谎言去套取另一个谎言。

当我们完成了识别谎言的关键步骤之后，需要做的是，高度注意对方在你检查性提问过后所发生的基准线的改变。基准线的改变往往有这样两种表现形式：

第一，对方表现出了之前从未有过的表情或行为。

第二，先前可见的行为消失或改变。比如经常一脸微笑的人脸上的微笑突然消失了，变为转瞬即逝的惊讶，眉毛上挑、眼睛睁大、嘴角向耳后咧开。

当然，基准线的改变往往会带来一连串的反应，除了表情，还有一些其他的东西。对于测谎来说，掌握以上这几个步骤，是非常重要且有效的。当你熟练掌握它们，甚至训练成无意识的习惯后，你会减少犯错的概率。

最后，我想再分享给大家一些我个人在识别谎言的实践中所发现的几种很有效的"谎言情绪"：

1. 惶恐不安

所有说谎者都会面临两方面的威胁：第一是担心谎言败露；第二是担心被他人视为骗子，也就是担心个人名誉。对于我们来说，发现对方惶恐不安的证据是揭穿谎言的有效途径。鉴别体征有如下几点：频繁的眨眼、言语停顿、口吃、无意义的复述、提高声调等都是显示对方正在体验着不同程度的不安。

2. 罪恶感

对于说谎者而言，基本上没有人能够逃脱罪恶感的情绪，可以这么说，谎言越大，罪恶感会越重。根据保罗·艾克曼有关脸部表情的研究，罪恶感会令人表现出类似于悲伤的神情。也就是说，如果被怀疑的对象表现出莫名的悲伤或是垂头丧气的体态，我们就要保持警觉。此外，对于拥有罪恶感的人来说，还有一个语言表达特征需要我们格外留意，我们称其为"人格解离"。简单来说，说真话的人更愿意使用第一人称"我"，而说谎者更多时候会逃避这个人称，就像想要把罪恶的自己隐藏起来一样。

3. 行骗后的欢愉

有一句话是这样说的："谎言也是另一种愉悦。"出乎

大家的意料，行骗会给人带来某种程度的欢愉感。这是一种
内心凌驾于他人之上的优越感，鉴别的时候，我们要注意到
被怀疑者在说完自己的无辜之后，是否表现出了莫名的快乐
或者笑容。

4. 愤怒

愤怒本身并不是一种典型的谎言情绪，但是愤怒的表现
时机以及程度，可以被我们用来识别谎言，原因来自于一个
我们都知道的常识：不应该受到指责的人通常会对指责做出
愤怒地回应，因此，说谎者善于假装愤怒。

人总归是有情感的动物，正是因为有了情感和情绪，我
们每个人才变得与众不同。不过，在肯定感性风格的同时，
我也想提醒一下各位读者朋友：这个世界不会因为你的喜怒
哀乐而调转风格，它是按照理性的轨道前进着的。

因此，理性才能协调情感。

私人空间中的"痕迹"

第一点，私人印记

每个人都有隐藏在深处、不愿给别人展示的小秘密。这

些小秘密，却往往最为真实、最能够如实表达他（她）的真实情况。作为读心者，我们显然不建议你用一些违规甚至龌龊的行为去侵犯对方的客观隐私。但是，通过公开的、合理的渠道，我们依然有办法，去进一步了解对方。

让我们试着将视角转向我们的实际生活，看一看我们每天生活的私人空间当中蕴含着哪些可以了解他人的线索以及我们应当如何科学有效地观察整理这些线索呢？

首先，让我们来简单说明一下什么是私人空间，说起私人空间，很多人会立刻联想到某个适宜我们放松心情的外部空间，比如你花心思整理出的起居室，又或是某个你每天都会去一下的咖啡厅。但我们这里所说的私人空间并不完全是指以上所说的某个外部环境，相反，更多的是指内在的"心理空间"。那么，心理空间，看不见摸不到，我们又应当如何去探索以及了解呢？

这里，我想先为大家梳理一个简单的逻辑：当你第一次见到某个人的时候，你是通过什么样的方式形成对对方的第一印象呢？我想你一定很少甚至几乎从来没有意识到。举例来说，当你初次见到一个人的时候，你可能会莫名感到厌恶，但又说不出究竟是哪里出了问题。你会想，可能是对方的某种表情、神态或是某句话，某个行为让你感到厌恶。当然，也有这样一种可能，那就是你在无意间闯入了对方的"私人空间"，无意识地搜集到某些和你自身经验相违背的信息，比如，你非常厌恶男性身上有过于显露的女性特质，而对面那个与你初次相识的男性恰好佩戴了一枚耳钉，由此你就在某种无意识的状态下做出了带有好恶偏见的个人主观判断。这时，如果你想要通过这枚耳钉获取关于对方真正有用的读心线索，可能就已经剑走偏锋了。

而这里我们所说的"耳钉"等个人身上的装饰物，就是"私人印记"（比如人们身上的衣物、佩戴的各类饰品、随身携带的各类物件、家中或办公室里物品摆放的方式等）。你可能会问，我们真的可以通过这些不起眼的物件看懂他人吗？如果我们仅仅通过一个人的穿搭就武断地做出一系列听起来都觉得蹩脚的论断，确实会显得不那么令人信服。但是，至少有一点是我敢肯定的，我们每天确实是通过这些物件来建立对一个人的印象的。比如，当你初次见到某个友人时，对方驾驶着百万豪车，你会不会因为这辆车而对对方产生某种评价呢？

的确，在我们身边，每一个和我们相关联的物件都无形中烙印上了某种只属于我们的个性特质。也正是这些私人印记的集合才构成了我们所说的"私人空间"。比如，当你走到同事的办公桌前，发现其桌子上凌乱不堪，各类文件没有规矩地随意摆放，你会怎么想？至少你会觉得这个人有点"懒散"，顺着这个思路往下想，是不是也存在这样一种可能：这凌乱的桌面，也恰恰反映出对方的思维有些凌乱？一个有着凌乱思维的人，又如何会墨守成规地遵循某种令其感觉到拘束的条条框框呢？

所以，我们要做生活中的观察者，学会利用他人留下的线索，不断挖掘新的信息，摒弃在脑海中所固有的信念，用合理的假设去填补新的信息与你本身所拥有的信念之间所存在的缝隙。

让我们再举一例来加以说明。当你走进一位朋友家中，发现对方室内的装饰物极其简单，甚至会令你的视觉陷入乏味的状态，那么，面对这样一间丝毫引不起你兴趣的房间，你会如何评价房间主人的个性特质呢？此人对生活质量要求简单？此人物质条件不够富裕？你会发现，这一瞬间出现在你脑海中的判断几乎都是不合理的。你需要做的就是，起身仔细观察对方家中有限的装饰物，如果你发现，屋内虽然空空荡荡，但是仅有的一些装饰物却颇为精致，那么，你是不是会改变主意，开始认为房间主人的内心也许并不像这间房屋一样空荡匮乏。

从心理学的角度而言，越是心思缜密内心丰富的人，越是希望与他（她）关联的外部环境越简单。相反，只有内心真正匮乏的人才需要大量的外部事物来填充那颗其实永远都

填不满的内心。由此，我们可以试着推导出一些关于"私人
印记（或私人空间）"的运行方式（也就是这些私人印记究
竟是按照怎样的规则折射我们的内心呢？）。这里需要大家
了解并掌握的有如下三种个性表达机制：

1. 身份标签；

2. 情感调节器；

3. 行为痕迹。

我们将一一为大家简单叙述以上三种机制。

先看身份标签。

美国《盖洛普管理期刊》的一份关于员工舒适度和投入
度的调查表明：在舒适的环境中，工作人员将会更加投入，
也会对公司的盈利做出更多积极的贡献。同时，该调查也指出，
舒适的环境不仅仅是指物质条件，人为营造的心理环境也至
关重要。基于我们在生活中的观察不难发现，几乎所有人都
会在装饰以及改变空间位置（如：墙上的挂画，桌面或柜子
中物品的摆放等）等方面持续不断地做出努力。原因很容易
理解：他们需要通过改变外部环境从而影响他们的心理环境。

我们将空间变成一种特定的方式，就等同于打上了我们
自己的身份标签。无论是玻璃柜子中的荣誉证书还是桌面上
摆放的各种照片，抑或是一些精心挑选的小饰品，其实都是
在有意识地对外宣称这是我们身份的象征。举例来说，我曾

经见过一个女孩将她的电脑壁纸自定义成她一周的工作计划表，通过简单的观察，我了解到她的电脑设有相当复杂的数字英文混合的密码。也就是说，她将电脑中的信息看作是相当私密的信息。对于有这类行为的人来说，电脑的壁纸并不是在向外宣称什么，更多的是设置给自己看的。

我们可以试着理解一下这个女孩儿的潜台词："工作使我感到充实，我每周的生活只需要工作就好，至于什么休闲娱乐统统不重要，经营爱情更不是我所心之向往的事情。"由此，我们可以做出很多合理的假设，比如，这个女孩儿是不是比较不善于处理人际关系？她是不是过于看重自身价值的实现？

最终，通过间接了解，这个女孩刚刚在一周前与相恋了 5 年的男友分手，希望借着高密度、高强度的工作来缓解自己失恋的痛苦。这一点其实也印证了心理治疗中的一个论断："任何狂热的背后，都存在着某种程度的'病态'。"也正如我们所言，身份标签要么是针对他人，要么就是针对自己，而两种情况都有各自的心理功能。针对他人就是希望通过借由这些物件来表达自己是什么样的人，有着什么样的性格、价值观以及什么样的地位；针对自己，就像上述的那个女孩，更多的是被用作某种心理防御，如果我们认同了这样的防御，我们就会慢慢变得无法正视自己，内心永远保留着一个黑洞。

需要补充的一点是，我们总会在生活中看到，很多人喜欢在自己身上或是自己的客厅中添置很多装饰物。这其实就是一个非常强烈的向外释放身份标签的信号，物件的主人希望透过这些信号去与周围的人建立各种各样的关系，他们喜好表达自己，喜好在他人眼里建立存在感，从某种角度来说，也无形中释放了某种油然而生的孤独感。

接下来，我们看看第二种个性表达机制"情感调节器"。

心理学家很早就通过各类实验证明了一件事情：最佳奖励与最佳表现息息相关，想要把一件事情做好，我们必须保持高度的热情与专注。生活中，一部分人喜欢在没有太多视觉与听觉刺激的环境下进入工作状态；另一部分人则喜欢在类似咖啡厅一样的嘈杂环境中提升自己的热情，听着音乐，看着来来往往的人。无论哪一类人，他们都有着属于自己的"情感调节方式"，也就是说，很多时候我们身上佩戴的饰品或是桌面摆放的摆件抑或是墙壁粉刷的颜色，并不是在向外宣告我们的某种身份，而是用来帮助我们调节情绪。我们可能在这样的环境中追忆过往的人和事，或者帮助我们专注地进入工作状态，或者给予我们某种程度的激励，推动我们加油奋进。举例来说，听音乐，其实就是生活中最明显的情感调节方式。我的手机音乐播放器中有相当一部分热血的动漫歌曲，你会认为这是心智不成熟的象征吗？我倒认为，我需要在我每次录制节目之前通过这些音乐来燃起自己的激情，控制我的焦虑。

　　这里给大家分享一个很另类很有趣的可以供我们挖掘大量个人情感调节器的地方，这个地方就是"卫生间"。我们仔细想想看，如果说有这样一个地方，它可以让你完全放纵自己，完全不需要迎合任何人，那么有比卫生间更合适的地方吗？我们也完全可以透过某位朋友家的卫生间看到对方的某些行为线索。这里启发大家一下，大家可以去观察：卫生间是否干净整洁？手纸的剩余量以及摆放的位置，牙膏是从中间部分挤出还是从下往上挤出的？如果你感兴趣，不妨先试着不抱偏见地看看自己家的卫生间，你一定会看到最私密的那个自己。

　　最后要为大家介绍的一种个性表达机制就是"行为痕迹"。这个术语代指我们每天的行为给环境留下的物理痕迹，比如咖啡杯里面没有洗刷留下的咖啡污渍，凌乱的办公桌上堆满的书本、纸巾、便签、水杯、眼镜等物品。了解一个人的行为痕迹可以说是一种最不打扰人的观察方式。有这样一个试验：研究人员选择了一家大型商场的装饰镜，暗中观察经过这面镜子的人，每当看到有路人停下来查看自己在镜子中的影像，就会有研究人员上前让这些不知情的路人填写一份关于自恋程度的调查问卷。结果相信各位朋友已经猜到了，试验表明：自恋测试分数越高的人，就越有可能在这个镜子面前停下来照看自己。你有想过照镜子也是一种行为痕迹吗？另外，我们每天都会重复很多行为，比如打扫房间，整理衣物等。很多人会开玩笑说："你是不是有强迫症？"从行为痕迹的角度来分析，每天遵循规律的行为模式的人往往思维严谨，为人处事守规矩，甚至在某些领域有着不可多得的才能。

不论是以上哪种个性表达机制，我们都需要明白，这一切最终都指向着我们的个性特质，也就是我们一贯的思维、情感与行为。单一的行为并不能形成我们的个性特质，只有不断重复的、长期的行为才能形成我们个性的一部分。因此，当我们在生活中践行这些机制去观察人的时候，一定要符合我们之前所提到的科学观察的原则，同时，需要注意的是，要时刻质疑自己。

第二点，穿衣搭配仅仅是为了"美"吗

通过一个人日常的穿衣搭配能否构建出符合这个人的个性气质画像呢？首先，请回答一个问题：你是如何看待穿衣搭配的意义呢？我相信很多人一定会脱口而出："当然是让自己看起来更美。"配饰也好，衣服也罢，只要能为我们的外在形象增添一份色彩，我们都可以认为它们发挥了"自我

身份的象征"以及"情感调节"的作用。那么，如何理解这两种作用呢？

1.自我身份的象征作用

我们每个人都有自己喜欢或者倾向的衣服款式与色系，我们也借由这样的个性化喜好来告诉周围的人："我与你，看起来不一样。"如果我们在生活中发现某个人精心设计自己的形象，说明对方可能过于在乎自己在他人眼中的样子，希望自己能给他人留下深刻的印象。这其实也体现出一种所谓的"补偿心理"，内心的单调与匮乏导致我们必须辅以美好的外表来抵御这份焦虑。

2.情感调节

我们在心情烦躁不安的时候，很容易冲动消费。女生在买衣服这件事情上表现得尤为明显。"衣服可以为女人续命"，虽说是一句玩笑话，但也不难看出，当我们内心感受到焦虑的时候，总是倾向于用"改头换面"的方式将这种情绪排解出去。那么，我们每天费心研究穿搭背后，究竟有着怎样鲜为人知的想法呢？

先说一下发型，发型不同于我们的双手、双脚、表情以及动作，它在无意间暴露了你的身份、地位，让周围的人一目了然。我们经常会看到某人不停摆弄自己的头发，只要看到镜子，就会忍不住上前照看、整理一下自己的发型，这很正常，但是如果过于频繁的话，就是"自恋"的信号，它往往暗示了一个人对于人际关系的紧张感以及强烈的虚荣心。通常来说，头发浓密且乌黑的人，做事不急不躁，很有条理，显得很有智慧，也懂得自己的优势与长处，算得上有理想、有抱负的事业型人才。而头发较为稀少的人，往往心思细腻甚至是工于心计，在打理日常事务时显得一丝不苟，但很容易急躁，缺乏耐心、气魄以及宽容心。

光头的男性，如果不是因为脱发很严重不得已而为之，那么就可以说明此人对自己有着高度的自信，同时也传递出一种真诚的交友讯号，而往往这类发型的人也确实有着不错的人缘。喜欢留刘海的女性，个别人性格相对内向，思维封闭，敏感且多疑，这样的女性往往心理发展水平较低，相对来说不够成熟。而那些追求个性与时尚发型的人，通常年轻人居多，他们通过发型来获得他人的关注，做事情很急躁，总是想要什么事情都赶在最前面，当然，这也是一种有活力的象征。这类人喜欢和他人交流，接受新鲜事物的能力也相对较强，在人际交往方面，往往有着良好的能力与技巧。

说到头发，其实还有一种"特殊"的头发，我们也必须在生活中予以关注，那就是胡须。现如今，很多男性已经不再喜欢将自己的下巴或是嘴唇周边刮干净，而是喜欢刻意的留胡子，甚至还将胡子做出很多特别的设计感，这类刻意留胡子的男性，往往在向外界表达更真实的"自我"。

　　说完发型，我们再来谈谈服装以及佩戴在我们身上的那些常见的饰品。

　　如果我们仔细留意，就不难发现，西装往往暗示了一种力量感，无论男性还是女性，身穿西装往往都会给周围传递出一种莫名的强大感，也会为我们赢得很多尊重以及重视，因此在一些很重要的场合，往往我们首选的衣着都会是西装，而它的作用无疑是让我们看起来更加有力量和话语权。女性身穿西装，除了散发出一种权威感之外，往往更容易令人感觉舒适、大气或者说看起来更加有气质。

　　男士在日常的穿搭中，如果可以佩戴一条带有时尚气息的领带，不仅可以为你的形象大大加分，也会让你看起来更加自信。

　　一些有着重要身份的人，在一些公开场合不会选择穿西装，反而身着运动服或是看起来轻松自然的便装。这类人通常不愿刻意通过服装去彰显身份地位，但往往会给周围的人一种"亲切自然但不可冒犯"的内心体验。

　　特别想要分享给大家的是，在职场环境中，女性也会被迫穿上男性化的服装，以工作能力来决定胜负，这样的服装也往往会激发出女性身体当中的男性特质，帮助她们更好地抵御职场带来的压力。但由于女性特质被压抑，在结束工作后，这类女性往往会体验到莫名的空虚感。所以，在日常生活中，他们会表现得更有女人味。

除此之外，衣服的颜色也可以反映一个人的性格或是补偿一个人的内心需要。喜欢红色服装的女性，往往具有冒险精神，他们更容易接纳新鲜事物，处理人际关系的能力也会非常自如，但是这类女性也往往拥有更多的欲求，常常会感到"不满足"；喜欢绿色的人，往往更加纯粹且自然，有时他们会显得比较消极或者安于现状，性格内向且容易压抑自己的欲望；喜欢黄色的人，内心是天真且具有童趣的，这样的人往往会比较幼稚，但是又对生活富有热情；喜欢紫色的人感情也许会比较浪漫，但内心却在表达着高贵与忧郁，心思很重，敏感且多疑；喜欢蓝色的人，往往理智且诚恳，容易接纳与包容周围的人、事、物，同时也会有着天马行空般的幻想；喜欢白色的人，大多无法包容他人的缺陷，对自己也有着强迫思维，有时他们是追求完美的一类人，有时他们则给人一种不可亵渎、不可亲近的距离感；喜欢黑色的人仿佛是要将所有的真实情感交由黑色去吸收，他们通常善于抑制自己内心的真实情感，他们拒绝表露情感，但却极度渴望关怀与被爱……

最后，我们来说一下鞋子。鞋子在很多时候比衣服更加能够反映一个人的特征。鞋子的款式适宜在古板与灵巧之间进行选择，古板往往给人一种沉稳的依靠感，而灵巧则是为了提示我们的品味。细长的高跟鞋容易让女性身躯摇摆不定，充满了不可靠且魅惑的感觉，虽然能够让些许异性投来目光，但更多的是来自他人的厌恶。将鞋子打理得很干净且整洁的人，往往注重生活以及工作的细节，是个绝对的细节控，也会投入高度的专注与热情在工作事业中，这类人往往值得我们信赖。喜欢穿大号鞋子的人内心有一种"自我保护"的倾向，他们往往缺乏安全感，需要在人际关系的互动中得到些许的安慰。

　　以上是一些有关于穿搭背后的心理线索，这份指南并不是让大家按图索骥，只是希望大家重视这些在我们眼里看起来司空见惯的信息。如果说读心术是为建立一个人的心理画像，那么我们所了解的每个部分的信息都只能是构建这幅画像所需要的一小块拼图。但无论如何，只要我们开始这样做，就已经走在了读懂一个人的道路上。

第三点，语言与非语言（肢体语言）

　　相对于难以捉摸的眼神，语言能直观地透露出人的很多心理动态。人类语言作为长期进化的高级行为，在复杂的神经体系运作下，可以通过声音的强弱、高低、快慢传达出不同的含义。

说话，几乎人人都会，但是听话，可不是那么简单的事情。人的语言，有些虚实相生的感觉——有时候是"言由心生"，有时候又是"言不由衷"，错综复杂的语言背后，究竟应该使用怎样的技能和策略去识别破解呢？在这一部分，我们来看看，如何学会"听话"。

"言不由衷"这个词是很值得玩味的。它的本意是说，我们所说的话并非在表达我们内心的真实所想所感。有些话是一种伪装后的表达，也就是我们所说的谎言，有些话则是连我们自己都未曾意识到，只是当说出口时我们才发现，好像不应该这么说。所以，作为听话者，我们不能只听一句话的表面意思，应当学会倾听对方的言外之意。关于如何听，我认为有以下几点需要注意：

1. 听"口误"

弗洛伊德曾率先提出，即使一个谨慎小心的说谎者，也难免因为"口误"而穿帮。很多人不曾重视说话者口误的重要性。在《弗洛伊德：日常生活的精神病理学》一书中，弗洛伊德提出，口误、忽然忘记熟悉的名字、误读或是笔误，这类日常的小毛病绝非偶然现象，而是有意义的，它们在某种程度上表明说话者的内心存在某种冲突。弗洛伊德曾列举过这样一个关于口误泄露内心真实想法的案例，这个案例是早年追随过他的布里尔博士曾记下的一个故事：

　　一天傍晚，我同弗林克博士聊天散步，恰巧遇到了一位同行 R 博士。因为许久未见面的缘故，我们邀请 R 博士一同去了一家咖啡馆聊天畅谈。当我问他有没有结婚时，他回答说："还没。"但是话音未落又见他补上一句："我这样的人干吗要结婚？"在我们离开咖啡馆的时候，R 博士突然问了我一个问题："我倒是有这样一个问题，不知道你遇到类似的情况会怎么做呢？事情是这样的，在一桩离婚官司中，一位护士被列为共同被告，官司是妻子告丈夫，她也被牵连在里面，结果他（这里存在口误，本应该使用女'她'）获准了离婚。"这时，我打断他的话，并纠正道："R 博士，应该是'她'获准了离婚吧。"于是，他马上改口说道："没错，对，是'她'获准了离婚。"当我更正他的口误后，请他解释一下原因，没想到 R 博士就此非常惊讶，并说道："难道我连口误的权利都没有吗？"

　　不知道大家有没有听出这个案例中的问题？当 R 博士在阐述这场离婚官司的过程中，本应该使用英文表达中的"她（也就是 she）"，但因口误说成了"他（也就是 he）"，最终，布里尔博士在询问了 R 博士周边的朋友后发现，原来 R 博士口误的原因是，这个离婚官司中的男主角正是 R 博士本人。这样的例子，在生活中可以说每天都有可能发生。很多时候，我们喜欢嘲笑他人的口误，但却不曾去关注造成口误背后的成因。

弗洛伊德曾说，口误之所以会出现，与说话者想说却说不出口的压抑，有着难以割舍的联系。有时口误会在一句话的开始就出现，比如，当一个人开始回答某个问题的时候，在想好第一个词语之前，他会停顿一下，同时很快地改变所要说的内容，这并不是说对方有一些结巴。相反，我们可以这样理解，当一个人准备说出第一个词同时欲言又止的时候，毫无疑问，这是一个"错误的开始"。如果此刻我们是在一个谎言语境中，那么说谎者就会因为担心谎言被揭穿从而产生口误。在与他人对话交流的过程中，我们应当学会有意识地注意"口误"。

2. 听"情绪"

前几天，我正好在江苏卫视录制益智答题类节目《一站到底》，录制间隙，我与导演组在酒店房间进行讨论会议。在会议过程中，有一位女性编导询问我，卢老师，你说什么样的人是容易被读心的呢？或者说容易被看出在说谎呢？是不是意志力比较薄弱的人呢？我想问问大家，她的这句话所要表达的真实含义是什么呢？难道她真的是很想知道什么样的人容易被看穿吗？很明显，并不是。在这里，给大家分享一句话："实际上，所有人对于与自己本身无关的话题，其关注度并非有我们看起来那么高。"也就是说，这位女编导想要表达的真实意思是，她自己属不属于容易被看穿的人？那我又是如何听出这层意思的呢？很简单，听她说这句话时的情绪，很明显，她当时的情绪呈现出的是紧张与兴奋，换句话说，如果她不是将这个容易被看穿的人假定成自己，那么何来的紧张感呢？就好比，当我们去询问一个自己心仪的女孩子或是男孩子，她对于自己的恋爱对象有什么标准的时候，我们自然是将自己假定为这个人了，在等待女神或男神的回复时，自然会流露出与这句话本身不协调不一致的情绪反应。

因此，我们试图推导出，一个合格的聆听者所需要具备的首要能力是"将声音化作感受，专注于感知声音以外的话语"。我们知道，有声语言最容易通过有意识地修改、润色、加工，使其真实的意思发生改变，然而，我们无法做到将情绪完全隐藏起来。无论表达者怀揣着什么样的目的与动机，在他说话的过程中，我们需要保留一份高度的专注力，感知他的情绪，这样我们距离对方想表达的真实想法就非常接近了。用一句话总结就是：对方说了什么并不重要，重要的是他（她）是如何说的。这里的"如何说"，就是指对方在说某件事情的时候，辅以了怎样的情绪。当一个人在向你诉说某件事情的时候，如果流露出了与其言辞不符的情绪，我们就应该清楚地知道，这并非他的真实所想。

3. 听"重复"

这里，我想到这样一个情景：在一间教室里，讲台上的老师发现一名学生正在低头玩手机，于是要求这名同学起身回答问题，学生当然会表现出一脸茫然。此刻，这名同学的情绪大致有恐惧与惊讶。这样的情绪体验很容易出现应激反应，最常见的就是，这名学生会向台上的老师提出一个要求："老师，您能再说一遍这个问题吗？"很明显，背后的原因在于，学生需要一定的时间来思考应该如何回答这个他其实不知道该怎么回答的问题，他希望借着要求老师再说一遍的时间来理清思路，找到答案。同样，说谎者在说谎时也会出现类似的应激反应。当女朋友询问男朋友"你是不是喜欢上那个女孩"时，我们往往会听到这样一个回答："你说什么？"

4. 听"速度"

这里说到的"速度"是指人的"反应速度"。当我们在询问一个人某件事的时候，对方大都需要做一番思考，提取相关的信息，再作回答。但是在很多情况下，你会发现一个人的回答几乎是脱口而出的，这意味着什么呢？我们先思考一下，在什么情况下，在面对一个问题的时候我们会迅速作答呢？很显然，就是我们的脑海中早已准备好了答案的时候。没错，说谎者大都提前备好了答案，在你提问的时候不假思索，脱口而出。尽管这句谎言是如此的完美，但是说谎者的反应速度说明了一切。

5. 听"细节"

当一个人在向你描述一件事情的时候，我们往往需要思考这件事情究竟有几分可信度。尤其是当我们在面对一个我们丝毫不了解的人时，就更需要多思考一下，对方是在吹嘘还是在谈论事实。在工作中，当我们与很多人进行业务往来时，我们很容易被一些人说的漂亮话所哄骗。

那么，如何分辨真相与谎言呢？这里向大家分享一个方法，那就是：我们要尽可能地引导对方多描述这件事情的细节。说谎者一般都会认为，要使得一个谎言可信，就需要为这个谎言尽可能多地描述细节。可事实是，就算我们亲身经历过某件事，也会很少关注这件事情的细节，甚至在一段时间过去后会忘得一干二净。因此，当你发现某个人在向你描述某件事情时，能够流畅且绘声绘色地描述出很多细节，你应该有所警惕，也许他在说谎。

6. 听"语词"

这里我们所说的"语词"，主要是指我们每个人所固有的"语言习惯"或者"语言风格"。我们每个人在说话时都会形成自己的风格，这种语言风格会渗透在日常与人的交流中，发的微信朋友圈文字中，表现在我们常说的人称代词、虚词、介词等功能词方面，而不是具体的实词、名词方面。比如：经常使用"我"就代表着一种强调与关注，这类人通常拥有强烈的自我意识。研究发现，女性的朋友圈内容当中，使用"我"这个字的频率要远远高于男性，相比男性，女性拥有更为强烈的自我意识，或者说她们更为关注自己。另外，当一个人在非常痛苦和郁闷的时候，其语言中出现"我"这个字的频率也会大大增加。这向我们透露出一种什么样的信息呢？很简单，我们可以借此了解一个人是否处于情绪消沉的状态中，从而适时地给予对方一些关怀。

语言有一个非常重要的作用：体现我们内心的关注点。我们会谈论或回忆心中所思所想的人、事、物。由此我们可以总结出很多规律来。比如，当一个人频繁地使用与时间相关的词语时，对方内心的关注点可能在时间上；当一个人的用词中频繁出现与"过去"有关的词时，这样的人可能比较容易怀旧，这就会间接导致这个人的情绪经常是消极的、倦怠的，也会习惯性地将当下的人、事、物与过去相关联，由此产生很多不合理的认知、态度以及行为。

一个人的用词也会清晰地反映出这个人的身份、地位。比如，如果一个人过于频繁地使用"我们"或"大家"，这往往象征着包容、接纳，但也从侧面表现出，这个人应该是团队中地位相对较高的人。

　　在此之前，我们可能并没有认真观察过微信朋友圈中每个人的语言风格，那么不妨从今天开始，将自己的关注点放在那些被我们经常忽略的地方吧。记住那句话，听话要听言外之意，对方说了什么不重要，重要的是，他是如何说的。

　　记得在学习初中物理的时候，我的老师曾经对我说，声音有三个要素：响度、音调和音色。这个知识点带给我很多启发，也让我在之后的心理学工作中如虎添翼。人的语言的确是非常神奇的。高段位的人在说话时不仅能够通过自己的语言传递信息，还能传递感情、传递信念。如果你能够从读心术的角度去听去判断，那么很多迷局就会不战而破。

　　之前说的是语言，接下来我们说一下非语言（肢体语言）。俗话说："要听其言，更要观其行。"这就告诉我们一个道理：一个人的行为中也蕴含着大量的信息和线索。实际上，行为是语言的延伸拓展，它是一种自然而然的肌肉表达形式。我们在不同的外部环境下，通常会有不同的行为反应，这些反应在专业的读心者眼中，就是发掘和识别对方真实想法的渠道。

　　在这部分，我要为大家讲解一下，如何运用肢体语言进行有效的谎言辨识，帮助大家更好地防范生活中的恶意谎言，维护自身的利益。需要说明的是，并不是所有的谎言都需要去揭穿，生活有时需要一些善意的谎言。

一般而言，我们可以把肢体语言进一步划分为两类：一类是由骨骼肌肉引发的身体行为；另一类是由我们的自主神经系统引发的身体变化。这两类行为的明确将有助于我们掌握辨识谎言的能力与技巧。

首先，让我们来看看如何通过骨骼肌肉引发的身体行为来识别谎言。这里有三个关键点：

1. 肢体语言的失误；

2. 肢体笔画；

3. 零碎动作。

在不同的人际交往场景中，我们经常会使用一些约定俗成的带有象征意义的肢体语言，比如：我们使用"竖起的大拇指"表示对某人的赞赏，使用"耸肩"表示无可奈何或不知道……如果不搭配语言，大多数的肢体动作是没有意义的，但是这一类带有象征意义的肢体动作却可以帮助我们准确表达。因此，我们称这一类具有象征意义的肢体动作为"肢体语言"。肢体语言之所以可以代替言辞，是因为使用者往往都是有意而为之，知道自己在表达什么。但就像我们平时说话容易产生口误一样，我们的肢体也会在不经意间泄露一些情绪，而这也是我们很少会意识到的。那么，对此我们又该如何识别呢？在这里，给大家提供一些辨识肢体语言失误的思路，供大家参考。

　　肢体语言的失误往往以不完整的片段来呈现。举例而言，完整的耸肩动作应当是，两肩齐耸，有时还会加上手心上翻，或是眉毛上扬，上眼皮下垂，耷拉嘴角，有时甚至还有脑袋歪斜。当这样的肢体语言失误的时候，我们会看到什么现象呢？很简单，这些完整的动作也许仅仅只会出现其中一个。比如说仅仅出现耸肩，而且耸肩都只有一肩耸起或是微微耸起，当然也有可能只出现手心微翻。当出现这样不对称、不完整的动作后，我们就要警觉地意识到，对方可能正在压抑着某种情绪，也就是说可能隐瞒了一些真实的内容。

　　类似这样的肢体语言失误，还有所谓"相反的动作"，比如，当一个人口中回答"是"的时候，正确的肢体动作应该是点头，而当一个人口中回答"是"，但头部却出现了轻微的"摇头"，就说明对方在压抑自己的情绪。这种失误很少有人能够意识到，而当我们善于观察它的时候，就会发现，这种类型的失误出现的频率会惊人的高。再比如，我们经常会看到这样的对话情景，当一个人在对另一个人的言辞表示质疑的时候，受到质疑的这个人会本能地向后撤退一小步，或是顺势靠在椅背上。这其实也可以看作是一个不完整的动作。完整的动作表现是，当我们听到或看到令我们恐惧的事情后会拔腿就跑。遇到危险时，逃跑是我们的本能之一，而肢体语言的失误会造成这样的动作并不完整，仅仅是通过向后撤退一小步或是身体靠在椅背上，来表达"逃离，躲避"这件让他不愿意直面的事情。我们可以将这样的失误理解为，连对方自己都不相信自己所说的话。

另外，我们还应该注意那些人们没有展示出来的肢体动作。如果我们留意观察，会很容易发现，我们大部分的肢体动作都是出现于头部与腰部之间，然而，有很多的肢体语言的失误是出现在我们很少留意的部分。比如，当我们发现有人将双手置于身后，即使对方脸上有笑容，我们也无法判断对方身后的这双手流露出了怎样的真情实感。也许他身后的这双手正在向你表达着不满。所以，善于观察那些不完整、不协调的动作对于识别谎言来说至关重要。尽管并非所有的说谎者都会出现类似的失误，但是有一点是我们必须明确的，那就是只要是出现肢体动作的失误，往往都在告诉我们对方有着某种难言之隐。我们在与人交流的时候必须保持高度的专注，这样才有可能及时地发现失误。

另一种可以为我们提供谎言识别线索的身体行为是肢体笔画。人们在说话的时候经常会比手画脚，用肢体动作辅助语言表达某种情绪，强调某种观点。这种肢体动作就是肢体笔画。最常见的场景就是各类演讲。演讲者往往喜欢借助双手来表达自己的一些观点和看法。

　　为什么肢体笔画可以揭示谎言呢？我们需要清楚的是，谎言与大量的情绪有关，例如焦虑、恐惧、愤怒甚至是兴奋等。当一个人体验到这些复杂的情绪时，讲话时的肢体笔画就会多于平时。说谎者会利用手指不停地敲打桌面，彻底释放情绪等方式作为伪装，来表达自己的无辜。

　　但是，肢体笔画的增多一定就意味着对方在说谎吗？当然不能这么认为，这里仍然要涉及一个为识别谎言建立常态化基准线的问题。我们想要判断一个人的某个动作或言语是否在隐瞒什么，必须先要清楚这类动作是不是对方一贯的风格。如果一个人在正常情况下肢体笔画就比较多，那么我们就不能认为这个"多"就代表对方在说谎，反而应该注意对方反常的时候。

　　那么，如果对方的肢体笔画比平时减少呢？肢体笔画的减少通常是因为说话者对所讲的事情缺乏感情的投入，当某人觉得某件事情与自己无关或者缺乏兴趣，或是心情低落时，他讲话时的肢体笔画就会减少。然而，当某人对某件事表现出高度浓厚的兴趣，但却迟迟不见肢体笔画增加时，我们就需要警觉地意识到，对方可能并不是非常走心。当说谎者事先准备得不够充分时，面对你突然而来的质疑，他必然会在言语上小心翼翼，肢体笔画自然也会随之减少。就算是说谎者有着充分的准备，他们仍然会被肢体笔画所出卖，原因很简单，当说谎者说谎的时候，害怕被揭穿的恐惧感会袭来，这种恐惧感会造成说谎者的思维受到阻碍，说话就不会很流畅，甚至变得语无伦次，肢体语言必然也会减少。

因此，我们需要清楚一点，当一个人的肢体笔画增多或减少时，我们不可轻易做出判断，而是应小心谨慎地排除掉其他可能的原因，做出最终的判断。肢体笔画与我们以上所说的肢体语言也比较容易混淆，大家只需要记住一个规律即可：肢体语言往往不需要说话，你也能明确是什么意思，但是肢体笔画则必须辅以言辞才能有意义。而就识别谎言来说，肢体语言只要我们留意观察就很容易发现它的失误，但是肢体笔画则需要我们先静下心来慢慢观察说话者的基本使用规律，当我们掌握了这一规律，才能发现对方一反常态的行为。

最后一种可以为我们提供谎言识别线索的身体行为是零碎动作。在识别谎言的过程中，零碎动作往往会对我们造成误导。有些人明明是在说实话，但只是因为说话的时候碎动作太多，以至于被我们无端怀疑。经常发生于生活中的零碎动作大致有整理头发、摩擦脖子、抚摸耳垂、掏耳朵、牙齿咬唇或是不停地搓手、抖腿，不停地摆弄各种物件。这些行为通常是无意识的，有时表达着内心的焦虑不安，有时也表达着内心的舒适放松，鉴别清楚这两种情况对于识别谎言至关重要。身处陌生环境中，心情紧张会促发零碎动作，与亲人朋友同处一室时，心情放松自然也会促发零碎动作。

利用零碎动作来识别谎言，究竟有什么比较靠谱的方式呢？我们记住这样一个行为规律：当一个谎言被揭穿时，如果需要付出很高的代价，那么说谎者的零碎动作就会减少，因为说谎者一定会小心翼翼地收敛、压制自己的行为。当然，我们还应当明确，建立常态化的行为基准线非常重要，看看一个人是通常情况下零碎动作就很多，还是面对质疑时突然间增多。

如果你仍然不知道该如何使用这一法则，让我来举一个例子。当你怀疑某个人是否对你说谎的时候，不要着急去问他关于这个谎言的相关问题，简单聊一些日常话题，观察对方在什么地方使用了什么样的肢体语言。对方说话的时候是否高频率地指手画脚？对方是不是在放松的状态下零碎动作很多？当你觉得你已经建立起了一条基准线的时候，不妨大胆地抛出你的质疑，看看对方的动作变化。比如，对方在否认你的质疑后，很快出现了抚摸脖子，身体向后倚靠等一系列之前从未出现的行为，这时你就需要考虑对方可能是在对你说谎了。

最后，我们来说说一些由自主神经系统引发的身体行为。这些常见的行为有：瞳孔的变化、脸颊泛起的红晕、反复吞咽、呼吸模式的变化、排汗量的变化等。

其中有一些行为我们无法通过肉眼有效识别，但幸运的是，有一些行为可以被我们发现，而且可以被用于有效地识别谎言，比如强迫性地反复吞咽。如果对方对你的质疑感到恐惧，自主神经系统就会诱发说谎者产生反复吞咽口水的行为。再比如，我们在面对紧张局势的时候，会出现战斗或逃跑两种反应，这两种反应既是生理上的也是情绪上的，这时身体内部会释放肾上腺素，导致身体发生的变化是：心跳加快，呼吸变快变浅。也就是说，当你发现一个人在面对你的质疑时，呼吸突然变快变浅，甚至在你盯着他看而不说话的时候，他仿佛停止了呼吸，这就说明，对方可能对你隐瞒了事情的真相。

第五章

一切"控制"都源于模仿

我总是倾向于将读心术一词替换为"理解他人的艺术"。本章我要分享给各位读者在读心术的语境中非常重要的理论：模仿论。一言以蔽之，我要教你如何把自己变成对方最信任的那个人。

在本书之前的部分，我们更多的是在讲如何去观察和识别他人，就像一个摄像头或者麦克风一样，单向地获取别人的种种信号。那么，从这一部分开始，我们就要开始"主动出击"了。

当群体环境不理想的时候，我们想要调节气氛；当彼此意见不统一的时候，我们想要说服他人；当面临种种危机的时候，我们想要改变他人的情绪……如何去影响他人的情绪，这是很多现代人面临的巨大课题。

很多职场指导教程里都说"做事情要讲究方式方法""职场高手往往善于控制和调整对方的情绪"，那么具体应该怎么做呢？这里面有哪些技巧和误区呢？请各位读者耐心看完本章。

到目前为止，我们所学到的技巧几乎全部是以他人的情感状态和言行举止为线索去洞悉他人的想法与感受。但这些技巧在实操层面确实有难度，或者说需要花费大量的时间和精力去观察、去实践、去总结，因此难免会让大家望而却步。再者说来，这些技巧在实际生活中如果无法做到辩证地运用，反而会显得颇为被动。

接下来，我们将从两个方面来探讨如何有效地建立和维护一段和谐的人际关系：

1. 如何有效地为他人提出建议（也可以理解为：如何影响他人的决定）；

2. 如何通过读心术中所谓的"模仿论"去影响他人的喜怒哀乐。

我们在与人相处时经常会有这样或那样的苦恼，苦恼于在面对一些选择或决定的时候，总是无法与对方达成共识，比如吃饭时该选择哪家餐厅，想换一份工作却遭到家人的反对，想逃离一段令人窒息的感情却不知道如何去说……慢慢地，不知从什么时候开始，我们不再愿意主动地和任何人建立任何关系了。当与外界的关联越来越少的时候，我们又会感到抑郁不安，变得闷闷不乐，也没有了当初对于生活的那一份热忱。

我总是在思考，究竟是什么原因导致了我们越来越无法建立一段长久且令大家都满意的人际关系呢？很多人说缺乏沟通。让我们回想一下发生在自己身上的沟通场景，也许就不难发现，其实我们每一次的沟通，说到底就是为了就某件事情说服对方。也许这件事情在你心中早已有了决定，你只是为了听听对方的意见，同时尝试着说服对方采纳你的观点、态度或建议，没想到，一言不合之下，沟通陷入了僵局。

我们需要明晰一个概念，当我们在与他人沟通某件事情的时候，是不是会有那么一丝想要操控对方的想法？如果真有这样的想法，也就不难理解，为什么每当我们在与他人沟通的时候总是感觉有障碍，因为对方也同样感受到了"你想要操控她（他）"。如此一来，你想要给予对方的建议自然无法被顺利地采纳，最终，一场出发点很好的沟通就会演变成先有一方做出妥协的尴尬局面。那么，我们在和他人沟通的时候，如何做才能让他人心甘情愿地接受我们的建议呢？

一般而言，我们在与人沟通时都是在有意识地提出建议，从而令对方做出一系列反应与决定。但是有意识地提出建议，就会让对方感到，我们是在操控对方。这时候我们的建议就会遭遇一个尴尬的境地。更为有效的做法是：学会无意识地提出建议。因为我们做某件事情的深层次的动机就在无意识之中，当我们无意识地提出某个建议时，对方就不会感到压力，也就更容易接受。

现在，请大家闭上眼睛，闭上了吗？好的，现在我要给你一个建议：请所有人，此刻，不要想粉色的大象。

效果会是什么？发生了什么？我相信，毫无疑问，所有人在刚才那一刻脑海中都出现了一只"粉色的大象"，为什么会发生这样的事情呢？原因是，"不"一类的否定词都是抽象的，而类似"粉色""大象"一类的词是具有画面感的，会在我们的脑海中形成一个具体的意象，而且容易唤醒与强化我们的意识。举例来说，当你在晚饭后告诉你的孩子"不要看电视了"或是"不要玩手机了"，孩子的无意识直接接收到的是"看电视""玩手机"这两个具有画面感的信息。因此你会为此感到困扰，为什么总是说他们，而他们总是不听话。很明显，是你的建议或者指令下达的有偏差。因此，我们可以总结出一个浅显的结论：我们往往越是否定什么，被否定的事物就会越突出，越在脑海中留下印记。

每个人应该都有如下类似的经历，当我们心中越不想让什么事情发生的时候，事情偏偏就会鬼使神差地出现。这种现象在心理学上被称为"墨菲定律"。因此，当我们需要给他人建议的时候，请谨慎使用"你不能这么做""你不要这样想""我劝你不要做这个决定"等类似的话术。我们需要在现实生活中有意识地练习不去说类似"不"一类的否定词或是否定句。如果要给他人建议的时候，就请直接使用具体且有画面感的语句作为建议。除了常见的否定词，类似"总是、全部、一切、所有"等一类的虚词也都需要谨慎使用。请你记住，这些词是无法进入一个人的无意识的。

那么，如何利用读心术中的"模仿论"来为一段人际关系营造一个好的开始呢？正如我在一开始所说的，我们在与他人相处的过程中，总是有意无意地希望把他人变成自己，这显然是不可能的事情。我一直信奉一个建立和维护人际关系的黄金法则，它也是最高明的影响与控制他人的方法，那就是"模仿"。此刻，让我们想象或回忆一个十分常见的场景，一对情侣，相对而坐，姿势相同，一个人的身体无意间向前，另一个人的身体也在某种无意识之中慢慢向前靠近。此刻，我们会相信这对情侣之间的关系是和谐的，这不仅是所谓的镜像神经元在发挥着作用，还因为那句老话"物以类聚，人以群分"。在生活、工作、爱情、事业中，我们总是在期盼遇到那个对的人，一起做对的事，却不知道，与其费尽心思去寻找这样的人，不如去"复刻"出一个，或者说"模仿"。

让我们从一个有趣的练习游戏说起。游戏的规则十分简单，不刻意地全方位地模仿坐在你对面的某个人，要保证你在对方的视线范围之内，你不需要正眼看她，仅仅通过余光去观察她。想象一下，你们现在同处一间咖啡厅之中，当她举杯喝咖啡的时候，你也同时举起你的杯子，当她突然靠向椅背的时候，你也同时靠过去，总而言之，只要是你可以捕捉到的对方的任何行为，你都需要全然模仿下来。当然，这一切的前提是"不刻意"。不需要很久，大概模仿几个动作之后，你可以试试看，这种和谐的模仿是否真的有作用。这次换你开始做出任意动作，比如慢慢抬起头，慢慢翘起你的腿，或是喝一口咖啡，看看对方是否也会模仿你。这其实并没有什么神奇的，你只不过是在无意间向对方发出了一个"相似"的信号。当你开始主动练习这种技巧的时候，你会发现，它可以被利用在任何生活场景中。你所能收获的便是，也许对方开始注意你，并且会想要主动接近你。

"世事洞明皆学问，人情练达即文章。"这句话说得很有哲理。我们研究读心术，不仅仅是为了了解一些事情，更是为了控制和改变一些事情。在生活、学习和工作场景中，有太多的时候需要我们去影响他人的情绪，有效地说服他人。此时，希望你不但敢于做出行动，也要善于行动。

第六章

谎言"疫苗"

我们的生活中总有这样或那样的谎言，面对"说谎"的人，我们总是感到无力应对，那么，到底该如何识别谎言呢？本章，我试着从读心术的角度出发为你答疑解惑。

关于谎言的一些鲜为人知的数据，你一定很少听得到。有相关研究表明，我们在与他人交流时，平均每10分钟就会有意无意地说出或是听到三句谎话。我们每天能听到的谎言从十次到两百次不等。更多的时候，我们意识不到我们已经撒了谎。

在你看来，外向人更容易说谎还是内向人更容易说谎呢？答案是：外向人。正所谓"言多必失"，外向人性格开朗，比较健谈，所以也更容易说谎。而且，外向人在说谎的时候通常会将谎言描述得绘声绘色，更容易使人相信。

那么，你是否知道男人和女人究竟谁更容易说谎吗？这个问题的答案同样有趣。一般而言，男人说谎为自己，女人说谎为他人。什么意思？男人的谎言通常是为了满足自己的某种欲求，比如虚荣心、支配欲、权力欲等，而女人说谎则通常是为了保护他人，因此女人总会将她们的谎言描述为"善意的谎言"。更有研究表明，在夫妻关系中，每十次交谈就会产生一次谎言，而情侣之间每三次交谈就会产生一次谎言。

现在，就让我从以下四个方面来和大家聊聊谎言。

1. 我们为什么会说谎？

2. 如何测谎？

3. 什么是识别谎言的基准线？

4. 如何建立谎言识别基准线？

在日常生活中，我们每说出一句话，就在向外界传递一组信息。这组信息分为两个渠道传递：一个是有声语言信息，也就是从你口中说出的这句话的内容本身；另一个则是无声语言信息或者非语言信息，也就是我们经常提到的"身体语言"。广义的身体语言包括人的头、眼、颈、手、肘、臂、身、胯、足等各个部位向外界传递的信息。这里，有一个实验性的数据，可供大家参考：一个人要向外界传达完整的信息，单纯的语言成分只占 7/100，声调占 38/100，另外的 55/100 的信息都需要由非语言的体态来传达。需要注意的是，语言信息反映了一个人的思维、逻辑、认知等对外界信息加工处理的能力，属于意识部分；非语言信息则反映了一个人语言信息背后的情绪、情感，大部分都埋藏于潜意识部分。

综上所述，当一个人说谎的时候，他必然承受谎言所带来的压力感，而这种压力就会使其表现出"焦虑、紧张"等不安的情绪。而这样的情绪就会直接促使他的身体出现一系列与此类情绪相关的一致性反应。因此，我们可以得出一个结论：所谓的测谎，其实就是在说谎者那里寻找到那些和有声语言信息不相符、不一致的非语言信息。我经常会说一句话，撒谎者说什么并不重要，重要的是他在以什么方式说？大致就是指的这个意思了。

大量的心理学、行为学的研究都倾向于相信，谎言是一种天生的自发行为。我们从婴儿时期就开始产生谎言行为。

英国朴次茅斯大学的心理学家华苏蒂薇·雷迪博士就对这个结论贡献了一个非常详细的研究。她在对婴儿哭泣的研究中发现，人类生来就渴望得到他人的情感回应；在缺乏语言与活动能力的情况下，婴儿发现使用一些小花招可以得到父母的回应。她说，事实上，婴儿对父母实施欺骗，是想与他们进行情感交流。我个人也是倾向于相信这个理论的，因为婴儿拥有的唯一的情感交流方式就是哭泣，而并不是每一次哭泣都代表了饥饿，需要换尿布或是需要他人的拥抱。这个理论提示我们，婴儿有时哭泣仅仅是感觉到无聊，因为他发现通过大声地哭泣，可以有效地引起外界或父母的关注。不过，也有些人认为，婴儿为引起他人的注意而哭泣并不是在说谎，那是因为这是他唯一掌握的交流方式，因此也是正常的交流方式。在更细致的观察中发现，婴儿会非常清晰地感知他的哭泣有还是没有引起外界的关注，从而调整自己的哭泣方式以及哭泣程度。这类研究不仅告诉我们婴儿也是会故意欺骗他人的，也告诉我们，欺骗并不是后天学习得来的，而恰恰是一种先天的、自发的行为。

这也在提醒我们，在生活中，千万不要寄希望于身边存在着不会说谎的人。当然，自我们成年以后，我们说的很多谎言就不再像孩子般幼稚单纯，而是有了背后更为复杂的心理动机。那么，所谓谎言背后的心理动机到底有哪些呢？

通常情况下，人在说谎的时候出于以下几个目的：

1. 隐瞒事实真相从而保护他人

这也是我们通常所说的"善意的谎言"。关于这一点，如果你是说谎者，建议要更多考量一下，你的隐瞒是不是真的能够使你要保护的人受益，还是最终转变为另一种伤害？

2. 逃避责任

这种情况在儿童、青少年之中尤为多见，成年人中的心理年龄偏低者也经常会有此类说谎动机。

3. 谋取利益

此类说谎者通常利用谎言来骗取金钱、财物、名誉等以此满足自己的需要。

4. 恶作剧

这类说谎者通过戏弄他人从而获得畸形的满足感。

5. 逃避痛苦与回忆

这类说谎者拥有某段痛苦的经历，为了逃避现实，故作坚强。

6. 报复

此类说谎者利用谎言报复他人，发泄对他人的敌意。

7. 寻求外界的关注

我们身边有很多人说谎其实是为了博得他人的关注，而且这类说谎者往往说谎成癖，给他人感觉到了病态的程度。

临床心理学中有这样一种心理疾病，我们称之为"孟乔森综合征"。此疾病来源于18世纪德国，一位名为孟乔森的男爵声称自己骑过炮弹，还曾经在月球上行走，甚至说在落入沼泽濒临死亡时用头发拽出了自己。于是，医学上以其名字命名了两种与谎言有关的心理障碍：孟乔森综合征与代理性孟乔森综合征。前一种是为了得到关注而装病的病症，而后一种是看护者（通常是母亲）假装（更甚者是引导）被看护者有病，从而得到关注与同情的病症。

还有一类以说谎话来满足自己内心需求的变态心理病症，我们称之为"谎语癖"，属于人格障碍的一类。此类病症的特点是，即便在毫无说谎必要的情况下，这类人仍然会选择说谎，或是说一些幻想类的故事，或是说一段传奇经历，让对方相信自己从内心会获得病态的满足感。而且，由于这类人特别会表演，具有很强的欺骗性，所以，很多时候，即便他们捏造的故事相当夸张离奇，仍然会有很多人相信。我身边就有一些这样的人，往往喜好讲鬼故事，并且声称自己见过鬼怪，每每描述起来绘声绘色，自己都相信。

8. 操控

此类动机多见于谋取利益，最常见的便是各类广告宣传。你可以说，所有的广告都是谎言，利用暗示对大众进行操控从而获取利益。

以上这 8 种谎言动机比较常见，在生活中，说谎的动机还有许多，需要我们留心观察。很多时候，说谎者的动机都不是单一的某一种，很可能同时包括很多种，我们需要针对具体事件进行观察分析。

既然我们生活在随时随地会遭遇谎言的情境中，我们自然就会对如何识别他人的谎言感兴趣。关于测谎，我们必须要保持一个观察者的态度，冷静客观地在一个更加广阔的范围内观察人的态度与行为，不要过多在意他人口中说的话，要将更多的注意力放到说谎者的"言外之意"上，多留意观察对方的非语言信息。

当我们了解了以上有关谎言的基础知识之后，我们就来看看究竟有哪些技巧可以真正有效地帮助我们在生活中识别谎言，降低受谎言侵害的风险。

识别谎言主要有以下三种方法：

1. 观察人的无声语言（也称身体语言）；

2. 观察有声语言中存在的部分潜意识信息；

3. 观察说谎者说谎时的血压、心跳、呼吸以及有没有掌心出汗、强迫性吞咽等微妙的生理变化。

其中，第三种方法中的血压、心跳等反应一般由专业的多道生理记录仪来执行，而非人的肉眼可直接观察。很多人会误以为多道生理记录仪就是测谎仪，但其实，它并不能精确测谎，它的作用仅仅是记录一些生理反应的变化。当被测试者出于心理压力或是沮丧、愤怒等情绪也会产生与说谎时一模一样的生理反应。因此，如果想要使用多道生理记录仪进行测谎，那我们就必须尽可能多地结合其他技术与方法，才可能得出更为精确的答案。

除了多道生理记录仪之外，我们还有另外两种测谎方法：一个是无声语言，一个是有声语言中的部分潜意识信息。

从这两种方法出发，你必须清楚一件事，人们在说谎的时候，一定会经历三个过程。这三个过程将帮助你更加有效地发现那些谎言信号。

1. 情绪过程；

2. 内容复杂化过程；

3. 控制过程。

情绪过程，指的就是人们在说谎时可能产生的情绪反应，最经常出现的有负罪感、恐惧以及兴奋，这种兴奋感也被称为"行骗的快感"。

内容复杂化过程，简单点来说，就比如，如果别人对你的某句谎言产生了质疑，就会针对这句谎言提出很多问题，而你为了圆谎就必然会制造出更多的谎言，别人问得越多，你圆谎的难度就越大。当我们被他人突然袭击时，往往就很难说谎，因此在说谎时就必须展现得比以往任何时候都要反应敏捷，而这种敏捷往往就会让说谎者表现出更多与有声语言不一致的身体语言。

控制过程，简单来说就是，我们在说谎时往往会竭尽全力使自己表现得正常一些，这时候就会产生很多在他人看来矫揉造作的过度补偿行为。

以上三个过程就是所有人在说谎时必定会经历的三个过程，而当我们聚焦这三个过程时，不难发现，这三个过程其实都集中表现了人们在说谎时的"反常"行为。由此我们可以得出，想要让你的测谎能力更加精确，作为一个读心者，你必须要开启你的观察者模式，去尽可能多地发现一个人的"常态化"行为，也就是一个人在自然放松的状态下的表情、动作、习惯性语言以及习惯性的行为举止。这种方式在专业上被称之为"建立基准线"， 这也是我们在识别他人谎言时所要做到的第一件事情。

大家听到这里，也许会抱怨说，需要这么麻烦吗？是的，建立基准线对于识别谎言而言一定是第一重要的事情，如果你不熟悉对方的常态化行为，你又如何能看得出反常的谎言信号呢？这里给大家举个简单的例子，如果你质疑一个人说了谎话，而此时这个人出现了抖腿的行为，如果你直接将这个行为视为谎言信号就未免有些草率，相反，你必须先要观察这个人是不是平时就有抖腿的习惯，如果有，那么当他听到你的质疑，然后立刻停止抖动，这可能才是真正的谎言信号。说到这里，我相信大家就能明白建立常态化的基准线对于识别谎言而言究竟有多么重要了。

当你有效地了解到有关一个人常态化的基准线，那么在识别谎言时，你就一定可以信手拈来。如果对方是你非常熟悉的人，比如朋友、恋人、父母、子女等，那么在你们长期的相处过程中，对方的习惯性语言或动作早已在你的潜意识之中扎下了根。也就是说，你的潜意识会帮你整理出一条看不见摸不着却真实存在的"基准线"。这也就是为什么你的爱人、朋友或是子女在你面前说谎的时候，你会立刻有所察觉。这个地方需要留意的是，如果缺乏科学的观察方式，我们在识别谎言时就容易走入"以自我为中心"的误区，也就是说，我们会经常犯错，而这种错误可能会导致我们与他人的关系出现隔阂，甚至破裂。因此，当我们建立了识别谎言的基准线时，切勿凭主观臆测行事，而是要用心去观察。

那么，对于我们身边不熟悉或者说初次相识的人，该如何建立这条基准线呢？我在这里为大家模拟一个情境，希望可以帮助大家。大家可以闭上眼睛凭借想象去构建这样一个环境，它可以是一家咖啡厅或是任意一个你能想象到的地方。这个人当然也可以是想象出来的，想象你们面对面坐着，随意闲聊，或者交流一些生活琐事，想到这里请你仍然在闭上的眼睛的状态下去看看他（她）的一举一动。每次说话时的表情、动作是否处于自然放松的状态下，确保他与你在聊天的时候，真的处于一种随和稳定的舒适状态下。然后，再把想象中的视线调动到你的身上，看看你有没有什么会让对方或者是自己感觉不舒服的地方呢？

以上的描述，就是打开所谓观察者的视角，去看你每一次与人交谈时的状态是否能够更加像一面镜子，尤其是在我们建立关于对方的常态化基准线时，这个镜面反射的状态尤为重要。

当你理解了上述情境模式，并有效地将你与他人的交流状态调整到你有意设置的自然状态下时，我们就可以逐步建立基准线了。接下来，我会告诉大家通过观察身体的哪些方面去建立基准线，建议大家在初期观察练习的时候，先孤立而专注地观察某个部分，当熟练后，便可以从整体去观察。

　　首先，我们看看人的脸部，我们需要着重留意些什么潜意识线索呢？一般来说，人们比较擅长控制自己的面部表情，所以，我们要擅长敏锐地去抓取那些稍纵即逝的"微表情"或者能真正表达对方内心情绪的"表情"。举例来说，如果某人声称自己对某件事物有非常强烈的兴趣，但面部却没有展露出相对应的表情，那么他也许就是在说谎。因为我们很难刻意地去制造或者伪装发自内心真诚的情感。正如一个假装发怒的人，很难主动锁紧双唇；一个假装微笑的人，不会动用眼角的肌肉。

　　微表情领域的开拓者保罗·艾克曼曾做过大量的研究，发现人们在假笑的时候，最容易混入愤怒或是厌恶的情绪，因此让假笑显得十分困难。真正表达愉快情绪的笑容则需要动用两块非常重要的面部肌肉，这两块面部肌肉分别是：颧骨部分的肌肉和眼轮匝肌。颧骨部分的肌肉负责将嘴角向颧骨方向牵引；眼轮匝肌会让脸颊肌肉上升并在眼眶周围形成波纹。此外，相关研究还表明，真笑的时长大约是0.5秒—4秒，而假笑的用时则会相对较长。因此，在用时较短和用时较长的两组笑容之间，较短的笑容的可信度相对较高。

　　此外，艾克曼曾根据脑电图描记器的数据得出一个结论，微笑的表情会让你感觉不错，而这不错的感觉又会反过来让你微笑，因此，我们可以明确的是，我们的表情总是会确定无疑地暴露我们内心的真实感受。这是因为我们的情绪和生理状况之间存在着直接联系，两者相互影响。但我们的情绪和我们嘴巴里面说出的有声语言并没有这种直观的联系，这就说明了为什么我们在说谎的时候，所产生的生理反应是难以掩盖的。我们说谎时必须承受我们所说的情绪体验，这就意味着如果我们试图掩盖自己的真实感受就必须努力压抑呈现在我们脸上那稍纵即逝的微表情，但据我在生活中的观察发现，微表情的产生往往是无意识的，自发的。也就是说，当说谎者开始用力掩饰微表情时，其实微表情早已出现，只是时间非常的短，但即便是这样也给了我们发现这些微表情痕迹的空当以及时间。而这就要求我们必须打开我们的观察者视角，用上面所提到的方式，让对方感受到和你的交流是轻松的，剩下的就只需要静静地等待那一闪而过的表情从说谎者的脸上划过。

在我们掌握了一个人的常态化基准线后，就很容易识别对方的谎言了。只要对方的某个行为或表情偏离了这条基准线，我们就可以瞬间意识到，这个地方是存在问题的。

说完面部的微表情，我们再来看看眼睛这个部分。众所周知，眼睛是心灵的窗户，那么说谎时，人的视线是如何移动的呢？现在，我就为大家提供一个相对可靠的视线解读技巧，这个理论来自于 NLP 神经语言程序学，被称之为"EAC理论"。

这个理论的基本观点是，每当我们从脑海中调动记忆时，这个记忆可能是真实的，也可能是想象编造出来的，我们的眼睛就会以某种可预见的特定方式进行移动：眼睛向左上方看时，表示人们正在记忆图像化的内容，而向右上方看时，则表示人们正在脑海中创建新的图像化内容。通俗点来说就是，当人的眼睛向左上方看时，他所回忆的是场景化的内容，是有画面感的；而向右上方看时，则说明这个场景或画面是通过想象而编造出来的。这也就是所谓的视觉记忆与视觉建构。

如果视线是水平移动的话，则对应的是人的听觉记忆与听觉建构。比如，让一个人回忆一段声音，你会发现对方的视线会向左边平移，因为这个声音是在他的记忆中真实存在的。反之，如果对方的视线向右边平移，则说明对方在建构一段从未听过的声音，这段声音完全来自于想象。

我们就不难发现，视线向左边移动说明此刻对方正在回忆真实的信息，而向右边移动则代表对方正在构建想象出来的信息。需要强调的是，上述理论仅仅是一种广义上的规律，并不能代表所有人。

另外，眨眼的频率也可以作为判断一个人是否说谎的依据。其实，我们眼睛眨动的频率在某些方面显示了我们大脑处理信息的速度。当你开启观察者视角时，你会发现，如果对方在与你交流的过程中是放松的，那么他眼睛眨动的频率应当与你基本一致。而如果他不得不在大脑当中进行认知处理，比如制造一个谎言，那么他眨眼的速度以及频率一般都会有所提高。

接下来说到肩膀部分。与你相处融洽的人，在身体的某些动作上会与你保持一致，所以，当一个人站在你的身边时，他的肩膀通常会与你保持平行。当你说到一些令对方感到不愉快的话题时，他便会无意识地扭转肩膀，离你远一些。如果他一边说话一边在进行这个动作，就说明他有可能是在说谎。如果他在讲话的过程中忽然耸起了肩，那么说明他对自己讲话的内容缺乏自信。

再说手的部分。手在识别谎言时充当了一个极为重要的角色。距离人的眼睛或面部越远的身体部位，越容易泄露内心的真实想法。因此，手和脚都是反映一个人真实内心的重要部位。如果讲话者回答某个重要问题时，将手放到嘴边或鼻子边，这可能暗示着他正在说谎。这个动作是说谎者潜意识想要阻止谎言从嘴巴说出的无意识行为。

我们需要将更多的关注点放在手对于诠释一个人内心世

界的展示性或者说表演性上，尤其是当说话者手舞足蹈地阐
述某个话题时，他的双手就会透露出此人内心真实想法的大
量线索，比如此人对于这个话题的态度，他此刻最想隐藏的
内心想法等。例如，当某人在讲话时，他的情绪正处于一种
激动亢奋的状态，他将自己的手指向了自己。这可能代表了
讲话者此刻非常迫切地想要表达自己，也可能表示此人对自
己的某些角色拒绝认同的心态。如果这个人正处于被分手的
状态中，当他在向你阐述事情的来龙去脉，说到"我并不知
道问题出在哪里？"的时候，他无意识地用手指了指自己，
这就有可能说明，他在潜意识中感觉问题就是出现在自己身
上，而这也可能就是事情的真相。还有另一种情况就是，当
说话者无意识地用手指指向他人时，这就可能暴露了他自己
与这个人的关系以及感受，尽管这个人可能并不在场。

　　双手有时也会流露出一个人关于意识位置或者优先级的
真实想法。比如，当一个人说他并不知道该如何在问题 a 或
问题 b 之间做出选择时，一边将一只手压下来或将一只手从
一侧滑到另一侧，则暗示他手较重的那一侧其实就是他潜意
识的真实选择。就这一点而言，需要大家反复理解，伸出自
己的手试试看。

　　我们在识别谎言的时候，需要留意的是，一个人的言语
与其手部动作不一致的信号。比如，在美国的一家警察局，

警察在审问犯人时就发生过类似的情形。当这名警察在问到嫌疑人从被害人身上拿到的某样东西作何处理时，这名嫌疑人说扔到灌木丛里了，而他的手却无意识地指向了自己的口袋。所以，请留意你身边人的手部动作，你会发现很多类似的不一致行为。

手部动作所透露出的信息非常丰富，比如当你在与某人对话时，如果对方的手指或者手掌不断地敲打大腿或座椅，则说明对方内心非常焦虑，这可能暗示了对方不愿再与你继续交流，甚至想要立刻离开。当然，这并不是说，说谎者就一定会焦虑不安，在更多的情况下，说谎者可能会在谎言被质疑的时候，立刻减少手部的琐碎动作，开始抑制所有可能被你发现真相的动作。

我们再来看看腿和脚。如果站立的时候，对方在用单脚击打地面，或是坐着的时候，对方的双腿在抖动，这其实是他们想要离开的信号。同时，我们也需要留意，当我们对说谎者所说的内容产生怀疑时，他的双脚是否会忽然交叉或是分开？如果一个人口头说不喜欢你，但双脚又微微朝向你，特别是手腕也同时朝向你，那就说明他内心还是渴望与你沟通的；如果你在与某个人谈论业务时，他对你笑容满面，但如果他双腿交叉并冲着远离你的方向，且右手夹着香烟横在胸前，就说明了他可能对你有所戒备，或者对你说的业务并不怎么感兴趣。同样的情境中，如果一个坐姿端正的人，忽然伸长双腿，靠在椅背上，就说明他对你们之间的谈话丧失了兴趣。与这个动作同时发生的经常会是双手抱胸和双手握拳，如果此时还伴随着针对某个关键信息的不协调答复，那就意味着此人很可能处于谎言之中。

最后，我们再来说说，识别谎言时，需要我们特别留意的部分有声语言。我们常说，肢体语言更容易泄露谎言信号，正因如此，很多说谎者便将更多的注意力放在了如何修饰那些肢体行为中，却在有声语言中留下了诸多线索。在这里，为大家分享一些使用价值较高的读心法则。

1. 简短的解释

尽管人们在说谎时倾向于长篇大论地解释，但有时也会出现完全相反的举动，比如对于关键问题的解释显得简短且肤浅，在描述时忽略很多细节，完全不做任何修饰。当你让他展开来说故事的经过时，你得到的也经常是简单生硬的重复陈述。

2. 不说"我"字

说谎者在说谎时往往不愿意提到自己，而在正常的交流过程中，"我"却是使用最多的字眼。

3. 转移注意力的回应

说谎者总是拘泥于与话题关系并不大的某个词语或是字

眼当中，他们企图通过不太重要的事情来转移注意力。

4. 实话说，说实话

说谎者担心自己无法获得别人的信任，于是产生了过度补偿的心理，非要在一句话的开头加上"说实话""实话说""你肯定不会相信，但我还是要说"等类似的句子。

5. 放慢或加快语速

简单来说，如果某人平时说话就很慢，但当涉及某个关键信息时，忽然加快语速，你就需要留意了，反之，也是一样。

6. 音调

人们为了吸引他人的注意力很可能会提高说话的音调，若想躲开他人的注意力，也就会降低音调。音调的忽然变化是谎言识别的信号。如果一个人声音异常高亢地声称自己与某件事情毫无关系，那么这就很值得进一步关注。

识别谎言确实是一件不容易的事情，因为，这个世界上根本不存在一个适用于所有人的谎言识别系统。但是，我想告诉大家的是，相关实验表明，专业的测谎人士在测谎能力上与大学生群体几乎相同，这两群人的测谎成功率都是55%。因此，如果我们将好玩或者有趣作为学习识别谎言的一个出发点，就不会感到挫败了。关于谎言识别最重要的一点是，千万不要孤立地去使用任何一个技巧或者理论，而一定要从局部练习，从整体考量。

对于基准线也是如此。基准线也会随着一个人周围环境的改变而改变，我们需要不断地进行观察与对比，甚至让自己永远处于观察状态中，将你观察到的令你产生怀疑的某个行为进行多次验证，看看是否准确。

还有一个关于识别谎言的风险，那就是，当你观察到某个人出现了某个令你产生怀疑的行为举止时，如果你直截了当地表达自己的看法，那么很有可能咄咄逼人，难免让人对你产生厌恶。正确的方法是，一定要让那个和你对话的人感觉放松，这样你才容易解读对方的内心。

如果你想要拆穿谎言，就必须先"吃透"说谎者，你需要了解基本的心理学知识和一定的读心技能，确保自己是个足够"老练"的观察者（这里的"老练"说的是技术水平，和年龄并没有必然的联系）。

对读心术一窍不通的人，有时候可能错把真话当成了谎言，这就酿成了误会，有时候又可能把谎言当成了真话，这也会导致不幸。所以，身处谎言之中并不可怕，可怕的是你无法正确地识别谎言。当你有了足够丰富的阅历和观察技术，当你能够对对方的处境感同身受，当你能够揣摩出对方大致的动机时，你就能成为读心高手，成为识别谎言的读心侦探。

第七章

社交平台中隐藏的"读心线索"

　　微信、微博等一系列社交平台是现代人的另一个"生活空间"，让"现实生活"的边界变得模糊。讽刺的是，我们通过层层修饰将自己在社交平台中进行"精装修"，想让别人看到更好的自己，殊不知，我们早已将真实的自己全然呈现在他人眼里。本章主要为大家解析一下那些隐藏在社交平台中的"读心线索"。

　　社交媒体自从诞生之日起，就凭借着便利、好玩、传播效果明显等特质迅速风靡全球。而朋友圈，作为目前最常用的社交媒体公众发布平台之一，是非常值得玩味的。每当我要去分析身边朋友的微信朋友圈时，得到的只有一句话："你还能不能好好做朋友了。"虽然只是一句玩笑话，但依旧可以让我意识到，每个人都有连自己都不想去面对的事情，最怕被人一眼看穿，被人看到他不愿意示人的"内心阴影"。如果我们当众拆穿，就像是野蛮地撕开了一个人已经结痂的伤口，他们会感到很痛，会无意识地抵抗。从心理学的角度来说，人在此时通常会本能地产生一个被称作"否认"的心理防御机制，使得自己的内心恢复平静。

也就是说，当你在他人还没有准备好或者你们的信任关系建立得还不够完善的情况下，就去武断地分析和判断一个人，就算你说对了，那么你得到的答案也可能是否定的，当然你还可能会招来他人的厌恶。由此，我们就偏离了学习读心术的初衷——建立完美和谐的人际关系。所以，当我们在生活中践行读心术的技巧时，一定要记住"看破不说破"，你可以将读心术看作与人相处的内功心法，但不要用它来卖弄展示。

在了解社交平台中的"读心线索"之前，我们先来了解一下心理运作（或称心智）的两大部分：意识与潜意识。

简单来说，意识就是你的认知，是你对接收到的来自于你自身以及外部环境的信息的觉知。比如说，当你试着去描述你身边所看到的某个事物的颜色、形状时，就是你的意识在起作用；再比如，你对身边人性格的一些判断，对一些事情的分析推断等，这些都是在你对事物的认知，也就是你的意识。

那么，什么又是潜意识呢？潜意识又称无意识，可以简单地理解为，它是储存我们从出生一直到现在为止的所有经验的地方。它指导了你的行为模式、思维模式、情绪反应，让你能够成为现在的你。因此，我一直在强调，所谓"读心术"就是教大家如何与他人以及自己的潜意识进行沟通交流的艺术。

关于微信朋友圈的解读，我将主要从以下两个方面来展开讲解：

1.从心理分析的角度，我们为什么需要微信朋友圈？它对我们有什么作用？

2.从读心的角度而言，朋友圈各个部分（头像、个性签名、文字配图、点赞评论）的信息暗含哪些线索，这些线索说明了什么，我们需要留意哪些线索？

环顾当下，我们不难发现，身边的每个人都或多或少地处于现实问题的焦虑状态中，有的因为恋爱和婚姻而焦虑，有的是因为工作事业而焦虑，有的是因为子女教育而焦虑，有的因为身体健康而焦虑，还有的人会莫名地感到焦虑……一言以蔽之，焦虑已经成为这个时代现象级的话题。

从本质上来说，人仍旧是动物性的，在面临危险时，会采取两种防御措施：一是战斗；二是逃跑。这两种机制就是人类的"原始心智"。随着人类的进化发展，人类获得了处理信息的能力，增强了对于外部信息的耐受性，也学会了面对与处理现实中诸多的不安全因素。可当今社会高速的变化与发展，让我们越来越多地感觉到对未来的未知与迷惘，当我们的意识部分承载不了过多外部信息的时候，我们就会进入焦虑状态。当我们维持在高水平的焦虑状态时，我们的潜意识会自动接替我们的意识功能。

　　举例来说，你是否时常感觉到焦虑时会有一种六神无主、不知所措的感觉？在这种状态下，潜藏在我们潜意识当中的动物性（也就是原始心智）就会命令我们退回原始心智选择战斗或逃跑，可是，我们能逃到哪里去呢？答案就是那些虚拟的社交平台，具体来说就是微信、微博的世界。微信为我们打造了一个看似非常安全的空间，在这个空间中，我们通过每天习惯性地刷朋友圈、晒朋友圈，有效地抵御并缓解了焦虑的情绪，让我们体会到了在现实生活中无法被充分满足的控制感、存在感、安全感以及认同感。

　　当我们放下手机，重新回到现实生活中时，我们的心理耐受性也在不知不觉中得到了增强。就像时下流行的那句话"女人要靠新衣服来续命"一样，认同感、存在感缺失的人也同样是在依靠刷朋友圈、晒朋友圈来续命。因此，我们不得不说，微信是当下社会人拥有的一个很有效的情感调节器。在某一瞬间，我们似乎觉得，自己可以掌控这个世界。隔着手机的屏幕，朋友圈好像是一座安全的孤岛，可以让我们安心做自己的主人，然而，我们已经在无意间留下了太多透露着真实自我的痕迹。只有读心者能看穿这一切。

　　当我们想通过一个人的微信获取信息时，我们该注意看哪些地方呢？微信朋友圈的各个组成部分究竟隐藏了哪些我们可以用来观察的读心线索呢？

所有人的微信朋友圈都会有两个纬度：意识纬度（外）与潜意识纬度（内），也称外纬度与内纬度。朋友圈中所有关于文字的信息都属于一个人的意识纬度，比如微信昵称、个性签名以及朋友圈文字；而朋友圈中的所有图像化以及符号化信息，则属于潜意识纬度。我们真正要做深入观察的也就是所谓的潜意识纬度，只有这部分信息才是最容易被人忽略却又隐藏了一个人真实内心的地方。如果你想有效地观察他人的微信朋友圈，请依照下面的观察顺序：

微信头像—昵称—个性签名—朋友圈正文

微信头像

微信头像是我们与微信世界中的他人建立连接的第一通道，我们借此将我们最愿意让他人看到的部分展现出来。因此，我们设置头像的作用绝大部分在于自我形象的展示与强化。微信头像大致可以分为十一类，它们分别是：

一、本人形象照

本人形象照包括本人面部、半身及全身等照片，使用此类形象照作为头像是最为常见的。我们首先要明确对方呈现出的是面部特写照还是半身全身照；是生活照、证件照、艺术照还是童年照。当我们明确了这两步之后，还要进一步明确，照片是自然呈现的还是夸张修饰的，比如很多女孩儿的面部照通常是各种美颜软件处理过的、摆出各种搞怪表情的照片。最后，我们要明确观察此类头像当中除了本人人物形象外，还有哪些环境或是面部表情特征方面的呈现。当我们抓取到了这些线索后，就已经将观察中的"观"做得比较到位了，接下来就是"察"的部分。如何"察"呢？分析指南如下：

1.自拍形象越自然，越无刻意地修饰雕琢，越证明照片中的对方与在现实生活中的对方人格差异小。这类人在微信世界中是最为自信的一类人，它们往往内心坦荡而真诚，愿意将真实的自己呈现给他人，也能够做到与他人换位思考，包容和理解他人的不足。

2.如果此类照片为证件照，我们就要将重点放在此人的表情上。如果照片中的人呈现出一种严肃、拘谨、正襟危坐的感觉，则这类人群心中往往有着强烈的压抑感，不肯卸下自己的人格面具，在生活中属于"人格面具化"的典型。此类人很难面对真实的自己，人格发展往往不完善，对生活有着诸多的抱怨，与人相处不友善，做事情也比较墨守成规，冒险意识比较薄弱，但责任心方面往往较强。

3. 如果我们发现对方的头像类似大头贴，面带夸张搞怪的表情与动作，则此类人往往内心缺乏自信甚至会比较自卑。他们希望与他人建立关系，渴求被他人关注，但却往往以自我为中心，比较情绪化，甚至可能存在神经质倾向，心理发展水平较低，也就是我们所说的心理不成熟的典型。

4. 使用艺术形象作为头像，此类人往往有某种过度修饰的心理，他们使用艺术修饰的形象照作为头像，往往是为了掩盖生活中不够自信的真实自我。他们喜欢听来自他人的赞美，来填补内心的空虚，比一般人更注重朋友圈的点赞数和评论数。当然，他们也会主动赞美他人。需要注意的一种特殊情况是，有些艺术工作者、演员等在使用此类头像时，不过是向外界提供一种对于他们身份的识别信息，强化自身的形象感，以此获得自我的满足感、力量感。

5. 还有一种本人形象照片，就是身处在某种环境当中的照片。这类头像往往除了本人以外，还有其他有意无意想要突显的细节。举例来说，我身边就有一位朋友，他的微信头像的内容大致是身处一家咖啡厅，双臂环抱着一个竹筐，竹筐中有些许水果，而他面部则露出了非常灿烂的笑容。后来，经过我的观察与询问得知，他只是想通过这张照片来表达他是非常热爱生活的，他说他最喜欢这张照片中他的笑容。没错，我相信大家一定也见过不少这种类型的头像，在分析这类头像时，我们的着重点就应该放到图片中除人本身之外其他的细节上。给大家一些提示，比如此人正身处一个怎样的空间？面部透露了怎样的表情？

6. 生活中，我们经常会看到很多人在使用自己童年的老照片作为头像，从心理分析角度来讲，这本身就属于一种"退行"（指人们在受到挫折或面临焦虑、应激等状态时，放弃已经学到的比较成熟的适应技巧或方式，而退行到使用早期生活阶段的某种行为方式，以原始、幼稚的方法来应对当前情景，从而降低自己的焦虑）。在现实生活中，我们的内心背负了太多压力，每当心情放松时就会怀念过去某段无忧无虑的时光，怀念童年时的美好，因此会借由童年的照片作为头像，来抒发自己渴望被爱被呵护的情愫。

当然，除了上述本人形象照，头像的照片还有许多类型，比如，我们会发现一些人的形象照往往以侧脸或背影示人，这提示我们此人可能有着很强的防备心理。这类人通常内心复杂，思维方式迥异，特立独行，不善交际，甚至可能会是悲观主义者。大家可以在生活中多多留意观察与总结。

二、亲密关系形象照（包括儿女、恋人、夫妻等）

使用此类照片为头像的人，有一个共性的心理特征，那就是，他们绝大部分的力量感、存在感、价值感来自于他们照片中所展示的关系。他们向外展示自己热爱生活，拥有完美的恋爱关系、婚姻关系或是亲子关系，但却恰恰反映了此类人对于关系的依赖性。他们不惧怕生活辜负他们，却害怕失去这些关系。当你走进他们的内心，你会发现，这类人往往像一个脆弱而又未长大的孩子。从积极意义上来说，他们更容易获得关系中给予的满足；从消极意义上来说，他们往往对子女、恋人、另一半都有着深层次的控制欲。

三、风景形象（多见于都市风光、大自然景色、各类花草植物等）

使用此类形象作为头像的人，往往最难分析，因为我们在头像的信息中看不到"人"。这类人不愿将自己的真实形象公之于众，恰巧反映了他们在现实生活中极善于隐藏自己。他们往往有着多于或是特别于他人的经历，给人以成熟稳重的感觉，虽然他们的年龄不一定很大。这类人表面看来情绪稳定，心态平和，内心却有着强大的心理能量。如果想了解他们到底有着什么样的"情结"，可以通过观察他们头像中的图像信息，思考背后所隐含的意义。我们知道，古人经常会借景物托物言志，那么，这类人的内心世界是不是也是如此呢？

四、动物形象（绝大部分以各类宠物为头像）

此类头像的使用者往往也是喜好托物言志的类型，他们通过使用的动物所象征的意义来向外界传递自身形象。需要注意的是，使用萌宠作为头像的人大多本性比较善良，他们渴望被呵护被关爱，但由于内心像萌宠一样弱小，所以也会比较惧怕或是厌恶人际交往。

五、网红人物形象（俊男靓女）

此类头像往往多见于对自己的形象极度不满意的人群。此类人过于重视颜值对于自己的意义，将周围的人都假定为以貌取人者，而自己也常常以貌取人。在现实生活中，此类人往往目光涣散，不敢与人对视，心理年龄较小，情绪常常处于焦虑抑郁之中，容易大悲大喜。当然，还有一类人群也非常喜爱这类头像——微商。究其原因，他们希望通过此类头像与认知水平较低的人群建立良好的第一印象，以此达到买卖生意的目的。当然，如果自己形象比较好，他们也会使用本人经过修饰处理后的照片作为头像。

六、动漫人物形象（包括本人形象的简笔画或漫画）

使用此类头像的人群，往往是在现实生活中无法获得力量感的青少年，因为心理水平发展较低，内心时常觉得力量感不足，需要借由二次元人物的强大能力，来点燃内心世界的小宇宙，让自己感觉拥有了可以改变世界的能量。由此可见，这类人绝大部分都是理想主义者。如果使用者为男性，那么他们通常都有着远大的梦想，但是因行动力、意志力不足而常常止步不前；如果使用者为女性，那么她们通常有着想象力极为丰富的头脑及童真而纯净的内心。从消极意义上来说，使用这类头像的人可能会有不同程度的抑郁或焦虑倾向。

七、图形符号形象（各类几何图形，或是简单的线条）

此类头像的使用者往往有着一个无比复杂的内心世界。从心理学的角度来说，心理越复杂的人，越对简单有着超乎常人的需要，这类人在生活中，也是极简主义的践行者，他们不喜欢将所遇到的事情复杂化。他们不喜欢复杂的人和事，经常向外界透露，自己是一个简单的人。对此类人的观察分析应该更为谨慎，你需要更多更全面的观察才能真正洞见其内心。

八、偶像形象（各类明星、伟人或是影视剧人物）

此类头像的使用者，你会认为他们拥有他们所使用的头像中的这些人物的品质吗？是的，你也许会有这样的误解，但事实并非如此。这类头像的使用者确实希望外界能够这样来看待自己。通俗点说，一个人缺什么就会用什么样的头像，通过这种方式来获得认同感和满足感。

九、外国人物形象（多见于各类欧美人物形象）

这类头像出现的频率并不高。使用这类头像的人，往往都是一些有着某种自身优越感的人，他们在生活中追求个性十足或是清新脱俗的人生。这类人群往往也处于现实的压抑状态中，所使用的人物形象通常给人一种颓废、压抑、野性的感觉，他们仿佛借由此头像来表达自己需要解放、需要自由。

十、生活物品形象（多见于各类艺术感强烈的图片）

这其实是很有意思的一种头像类型，用的人也不多见。他们通常都会将生活中一些很平常的物品作为头像，比如一杯奶茶、一双手套、一个杯子、一辆自行车等等。这类物品往往对他们来说有着难以言表的象征意义。

十一、空白形象或频繁更换头像（头像刻意设置为空白或纯白）

空白头像的使用者，往往是之前喜欢变换头像的那批人。将头像设置为空白，可以理解为，已经没有任何一个类型的头像可以满足他。这类人往往过于在乎身边的人对他们的看法，特别希望自己时刻被关注，也时常因此而感到压力，内心的空虚就像空白的头像一样，无可填充。如果在他们生活中出现了一件可以让他感受到充实感的事情，他们又会忍不住将头像换回来。

为了帮助大家更好地理解上面的内容，我在我的微信朋友圈当中找到了以下三个我认为能够更多程度上挖掘出一些读心线索的头像，在这里为大家做一下深入分析，以便让大家感受一下，当我们看到一个头像时，应该以什么样的思路去观察，去分析。

那么，我们就一起来看看这三个头像：

在这里，我需要声明三点：

1.这三个头像全部来源于我的微信朋友圈，也就是说，他们都是现实生活中我身边的朋友，我们可以很好地进行观察和分析。

2.鉴于对他人隐私的保护，我并没有使用自拍照一类的头像来做分析。

3.使用这三个头像来做分析，我确实征得了他们的同意。

让我们依次来观察一下这三张图，看看能发现一些什么呢？

首先，第一张头像的色调比较灰暗，画面中依稀可以看到一个外表清秀的男孩儿，男孩儿的身后是照射进阳光的窗户，而男孩儿的眼睛好像正在注视着什么。大家请注意，我是以客观描述性的语言来叙述图像内容的，这里其实就给了大家一个可参考的观察点。当我们看到一张头像时，第一步要做的就是尝试去用客观的、叙事性的语言，在心中默默描述一下图片中所呈现出的最为直观的内容。需要注意的是，我们不可以随意根据自己的判断去脑补信息。

我们在这里会遇到一个阻碍。因为我们每个人的潜意识中都有一种自动完善和补充信息的功能，当我们看到这个图像中男孩儿在注视着某个地方或某样东西时，我们就会感觉不舒服，我们的潜意识就会跳出来帮我们去完善这个部分。比如，有些人会认为图像中的男孩儿在看手机。我们要在实际训练的过程中慢慢地意识到这个问题并加以扭转。

根据前面所说，我们不难发现，这张头像属于"网红人物"类型。使用这一类型头像的人往往对自己的真实形象不太满意，自卑感比较强烈，需要借由俊男靓女的形象来实现心理补偿。

在这个头像当中，有一个特别引起我个人关注的细节，我们着重看一下这个头像的色调。据这个头像的使用者告诉我，他在选择这个头像的时候，并没有意识到画面的色调是灰暗的，这个色调完全是他的无意识选择。也就是说，色调才是这个头像真正投射出了他内心真实世界的细节。我们经常说："你以何眼观世界，你便拥有何种世界观。"因此，我们可以得出一个结论，此头像灰暗的色调恰恰说明了，头像使用者的内心积蓄了太多的消极情绪，而他则使用了"压抑"的心理防御机制，尽可能地不去展现这些情绪。

微信朋友圈虽然让现实世界与虚拟世界的边界变得模糊，但却让我们潜意识中所压抑的情绪得到了一个冲出禁锢的机会。这个头像的使用者之所以会使用这种类型的头像，就是因为他的潜意识想以此作为自己的情感调节器，稳定、强化自己的内心。

　　我们在观察完头像中的信息后，要立刻根据图片信息给我们的感觉，做出一系列大胆的假设以及推理。我们仍以这张头像的使用者为例，现实中的他确实不是大众审美标准中的帅气男孩。在生活中，我经常会观察到，他在与陌生人交流的过程中说话往往没有底气，从语言表达到肢体动作充斥着不协调，眼神涣散不敢直视对方。正如奥地利著名的心理学家阿德勒所言："人从幼儿时期起，由于无力、无能和无知，必须依附父母和周围世界，就会发生一定的自卑感。" 这也正是我这位朋友表现出一系列这样的行为特征背后的深层原因。与初次相识的陌生人进行交谈的时候，他往往会过于担心自己出现错误，而显得比较自卑。

　　这种从整体观察到细节深究，再到得出推论，最终将推论代入实际生活中加以验证的方法，被美国的观察学家山姆·高斯林称之为"比利时方法"。掌握这种方法会大大提升我们的观察与分析能力。

　　在第二张头像中，我们看到了与第一张头像截然相反的色调，映入我们眼帘的是一个充满童真的漫画风格的头像，色彩非常丰富，它投射了头像使用者充满色彩感的内心世界。与第一张头像最大的不同在于，这张头像少了很多复杂而压抑的情绪，多了一些幼稚童真的画风，但却容易给我们一种"此人头脑简单"的感觉。没错，这个头像的使用者是我的大学同学，一个身材肥硕、憨态可掬的大男孩，他年龄二十七八，属于很讲哥们儿义气，却又傻头傻脑的那种类型。正如前面所说，喜好漫画风格头像的人往往是一群心理年龄较低、有理想、有想象力的青少年。所以，这类头像的使用者，在恋爱关系中往往需要一个内心相对成熟的女性来给予母亲般的呵护；在工作、生活中，他们往往像孩子一样缺乏独立思考的自律能力，对于现实世界的认知，就如同漫画一样，简单而充满童真。

第三张头像的使用者是一名女性。从头像中的两只猫咪不难判断，它属于头像分类中的萌宠类型。正如前面所说，使用这类头像的人群更多见于女性，这类人往往内心温柔而善良，但她们可能害怕现实中的人际关系，恐惧人性的阴暗面，透过萌宠的头像表达着自己的弱小，借由各类萌宠来表达自己想要得到爱，得到关怀的情愫。

在这张头像中，我们可以看到，画面中有一黑一白两只猫。我们可以借此推演一下，使用这个头像的女孩应该是将自己投射为这只白猫，表达自己希望拥有猫的品质——高冷、理智、享受孤独，以及渴望在现实中寻找到同类，相互依偎，相互取暖。由此，我们也大概可以了解到，头像的使用者虽然在现实生活中经历了太多的爱而不得，却依旧渴望得到爱。这类人虽然内心伤痕累累，呼喊救命，外表却依然故作坚强，硬要展示出孤傲感。如果恰巧有正在追求这类女孩子的男性读者，你就要明白，对于这类女孩子，深情倒不如久伴。

通过这三个案例，你也会发现，微信世界中图像化的信息确实给了我们很多可以挖掘人物内心世界的信息，希望大家可以从中受到启发。在沿着这样的思路进行观察分析时，我们一定要善于去发现图像中的关键细节，当你感觉到某个细节可能被使用者所忽略的时候，就是你需要特别注意的地方。

昵称

昵称和个性签名是社交媒体上普遍具备的功能（微信、微博、人人网、QQ空间、facebook等各种社交媒体都具备类似的功能）。一个人在确定昵称和个性签名的时候，很可能是想要有意去表达某些信息，有时候并不是用文字直接表达，而是带着大量的隐喻和掩饰。但是毫无疑问，我们在静静地看对方的这些信息的时候，也可以摸索出一些规律。

正如前面所说，微信朋友圈中的文字信息部分，是我们所说的意识纬度，潜意识中的真实自我更多地投射于朋友圈的图片当中，那么，我们是不是就无法通过文字信息去看到他人的真实内心了呢？并非如此，因为文字信息是通过我们的意识加工处理出来的，并且有着直观性，我们更容易通过文字看到他人伪装的一面。

微信昵称能够比较直观地体现使用者的身份。我们经常会看到某人以身份＋姓名的组合来设置昵称，这就说明，这个身份对于此人而言是非常重要的。或者说，此人非常希望他人以这样的身份来定位和对待自己，从而找到某种程度的存在感以及认同感。这类人往往目标动机十分明确，在他们眼中，微信不过是用于展示自己身份地位的平台，他们也会经常在朋友圈中发布或转载一些可以辅助说明其身份、地位的文章。他们无时无刻不在展示自己的"人格面具"，却将真实的自我隐藏了起来。因此，我们在与这类人打交道的过程中，要保持独立思考，警惕他们对你所带来的影响，因为在他们的字典中，人生就是一定要成功实现自我的价值，从而去影响他人、控制他人。

还有一类人会将中文名与英文名组合使用作为自己的昵称，给人一种仪式化的感觉。这类人通常喜欢标榜自己的身份，希望得到大家的认同与尊重。

还有一类昵称，也会时常出现在我们的眼前，那就是一组将各种图形、图案、符号组合起来的昵称。此类昵称多见于女性。可以想见，她们在为自己的微信起名的时候是多么的煞费苦心。当我们将目光转向她们所使用的头像时，往往也会发现，那是一个充满修饰感的头像。这种一致性充分表达了使用者的愿望——她们希望在微信的世界中显得与众不同。现实生活中，此类女性大多思维单纯，拥有少女心，充满浪漫主义幻想，但却难免给人一种浮夸、不务实的感觉。需要注意的是，我们在观察一个人的微信昵称，当看到这类图形、图案、符号的时候，要着重留意它所象征的意义，然后加以推断。

　　还有一类昵称从文字上看茫茫然不知所云，令人摸不到头脑。比如，我朋友圈中有一位女孩儿，她的昵称叫桌椅，大家明白她在表达什么意思吗？起初，我也是丈二和尚摸不着头脑，但随后我便询问了她，原来她的名字叫卓依，而昵称恰巧是她真实名字的谐音。但大家一定会有所疑惑，这又反映了什么呢？其实，当我们看到这种令我们完全不解而又很搞怪的昵称时，我们应该明白，这类昵称的使用者比较能够分得清微信世界的娱乐性，他们并没有把微信世界的人际关系看得太过认真。这类人不会花心思去琢磨一个昵称，来寻找他人的认同感。他们往往表面简单，内心复杂；表面看上去比较搞怪，实际内心无比传统且保守。

鉴于昵称种类的复杂以及多样性，就不再一一为大家列举了。总之，在分析判断时，要注意把握这样几个原则：

一、昵称必须与头像结合起来去观察分析，不可独论；

二、观察昵称时，着重留意有无图形、图案、符号的修饰，有则探究该符号的象征意义；

三、如果微信昵称出现了对方的真实姓名，要观察姓名前有没有定语的补充。如果有，那么定语的内容是什么？

另外，需要为大家补充说明的是，微信头像直接受到使用者情绪的影响，因此，越是处于矛盾纠结状态，找不到真实自我的人，越会经常更换头像来调控自己的情绪，而很少有人会频繁更换昵称。我想恰恰是因为，我们很少意识到图像化的信息是如何表达自己内心真实想法的，而把文字的作用看得太重。因此，对于头像和昵称而言，我认为，观察头像应当是这一部分的重中之重。

个性签名

个性签名同样属于文字信息，属于个性化的身份标识。但是它区别于昵称的地方在于，它是类似于座右铭一样，用于警示、告诫或是激励自己的一句话，而这句话更多情况下是说给使用者自己听的。因此，我们会发现，心理不成熟，容易被环境所影响，被情绪所控制的人往往会经常更换个性签名。而从个性签名的类型角度而言，它仅仅分为两类：一类是引用，一类是原创。

心理学家的研究表明，经常喜欢引用名人名言的人，往往认知水平不足，不善于独立思考，在生活中喜好认同权威，总是活在别人的思想中，需要借助引用各种人的语录来找到内心的安全感和满足感。而那些个性签名属于自己原创的人，大致分三个类型：

第一种，通过一句话的形式凝练人生的各种经历与感悟。

这种类型的人往往因为经历过人生的艰难坎坷，所以言语中充满了沧桑感，他们为人豁达简单，希望借由微信世界交几个知心的朋友，找到属于自己的同类。

第二种，个性签名是大而空洞的口号宣言。

此类人在现实生活中常常与个性签名所描述的内容背道而驰，我们看这类人的朋友圈往往要反着去理解。生活中的他们能说会道，但在很多事情上又缺乏行动力，于是他们借由这样的个性签名来勉励自己。当然，我们也可以理解为，他们通过这样的口号宣言来补偿自己未能实现的理想。

第三种，在个性签名的位置罗列出自己的身份和职业信息。

这类人和喜欢以身份信息作为昵称的那一类人很像，同样，他们非常希望他人以这样的身份来定位和对待自己，从而找到某种程度的存在感以及认同感。

朋友圈正文

这个部分也是大家最想要了解的地方，在我看来，它就如同一个心理战场一般。这里的行为分为两类——刷朋友圈和晒朋友圈，而这两大行为背后却蕴含着不同的心理驱动力。大致分为如下几个典型的心理动机：

一、追求认同寻找价值感的心理；

二、需要被关注，害怕孤独的心理；

三、以自我为中心的自恋心理；

四、发泄心理；

五、利益心理。

寻求认同感及价值感的人占绝大多数。你会发现，他们的朋友圈要么是在展示某种疯狂的工作状态，要么是在展示某种生活方式，比如环游世界，秀自己惹人羡慕的家庭写真，所配的文字信息往往会给人一种痛并快乐着的感觉。这类人表面是在输出生活、工作的状态，实际是在标榜自己的成功，他们往往有一种变相的炫耀心理，好胜心极强，希望大家认同他、肯定他。在现实生活中，此类人绝不吝啬于夸赞他人，这是因为，你的优秀在他看来，也是他可以用来炫耀自己的资本或者强化自己优秀形象的资本。他们内心的潜台词大致是："因为我如此优秀而成功，所以优秀的人才配成为我的朋友。"

这类人往往表面善解人意，通情达理，实则是为了赢得你的信任，并最终成功地影响你。当他们感觉到无法再影响你的时候，或是感觉到与你的价值观相左的时候，他们就会体会到内心的挫败感。虽然他们早已在心中与你划清了界限，但却可以在面子上与你仍然保持良好而亲密的关系。

以上我所描述的内容其实多见于女性，尤其是经常以女强人形象示人的女性人群。大家可能会问，如果是拥有此类心理的男性呢？这类男性会喜欢时常转载一些成功人士的成功经历或有关国家大事的文章，通过各种官方而又权威的信息来展示他的格局与眼界。他们绝大部分不会在转载的内容上发表自己的新感悟，只是原模原样地转载过来。

有一类人的朋友圈所发布的内容往往莫名其妙、不知所云，或者说只有他们才能看懂。这类人往往内心孤僻，不善于人际交往，害怕孤独，需要被关注，却又给人以理智冷静的感觉。他们借发布此类空洞的内容来填补空虚的内心，渴望得到他人的关注，又因为不善表达，所以故意伪装成不屑于与他人为伍的样子。这类人在朋友圈中貌似属于一股清流，其实早已不自觉地将自己边缘化。在现实生活中，他们有个非常明显的特点：朋友圈极窄，也不会主动拓展朋友圈，他们更多的是关注自我的内心世界，表现出对周围人或事的冷漠。对于亲密关系，他们往往表现出两级化，对一个人好的时候无微不至，讨厌一个人的时候又会表现出极为冷淡绝情的一面。但我们要理解，这一切都只是因为，他们被孤独所包围，他们会时常在依赖与不安全感之间游走。

以自我为中心，拥有自恋心理的人群其实也包含了拥有发泄心理以及自卑心理的人群。我们可以将自恋理解为一种对自卑的过度补偿心理。这类人群所发布的朋友圈往往以自拍照、美食照，减肥照、各种秀物质照片等为主要内容。这类人虽身处公共社交平台，但却给人一种"世界只有自己"的感觉，他们永远活在自己的情绪、欲望或是自己给自己编织的梦网中。在现实生活中，这类人拥有极强的表现欲，极度渴望有人能看到他们，最好能围着他们转。他们普遍认为，所有人所有事必须如他们所愿，让他们感到有一点不爽的事情，他们都会煞有介事地发布一条朋友圈，告诉所有人他此刻是多么不爽。但他们心情好转的时候，你就会立刻发现，他们的朋友圈充斥着各类包包、手表、美食等物质的欲望。

现实生活中，与这类人相处，无论是做朋友还是谈恋爱，如果你缺乏一种包容及赞美的心态，请避而远之。另外，他们也时常将情绪问题代入工作状态中。

以上三类人群及其表现基本涵盖了我们生活中所能遇到的大部分情况。上述内容仅仅给了大家一种观察分析朋友圈的思路，帮助大家理解朋友圈内容所反映的个人心理。当然，我们在具体观察的时候，还应当将朋友圈中所发布的内容进行有意识地分割，区分图像信息与文字信息，着重观察分析图像所展示的整体内容与局部细节，大胆联想推论，最终代入现实生活中寻找与你的推论相一致的行为线索。

鉴于微信聊天时的标点符号也属于图像化信息，同样能够反映出人的潜意识中的真实信息，接下来我们就来解析一下标点符号的观察思路。

1. 句号

喜欢使用句号的人做事一般有头有尾，性格果断，做事干净利落，毫不拖泥带水。由于他们做事过于严谨，在他人的眼中通常比较刻板老套，给人一种比较无趣的感觉。

2. 逗号

喜欢使用逗号的人往往大大咧咧，做事做人不吹毛求疵，所以和任何人都能打成一片。他们都具有社会性人格，他们认为人与人之间的交流应该是多多益善的，所以他们往往都具有话痨属性。在他人眼中，他们有时候会显得比较讨人厌烦，但是总的来说，还可以给周围的人带来欢乐。

3. 感叹号

感叹号在聊天中一般给人的压迫感比较强。喜欢使用感叹号的人一般自尊比较强，比较自我，不太会自我反省，总认为自己的观点很重要。同时他们的情绪往往不太稳定，很容易紧张。

4. 问号

问号是咨询的符号，喜欢使用问号的人往往做事犹豫，瞻前顾后，想得太多，自信不足，在人群中没有太强的存在感。性格中的服从性比较高。

5. 省略号

喜欢用省略号的人心底大多比较柔软，会比较在意对方的感受。他们害怕冒险，做事比较保守，缺乏决断力，潜意识里往往具有完美主义的倾向。

6. 冒号

喜欢用冒号的人一般都有完美主义倾向，喜欢凡事井然有序。他们做事喜欢列清单，条理性较好，服从性较强。因为他们做事认真，所以能够得到领导赏识，容易被人委以重任。

7. 不用标点符号

标点符号最主要的用途是传递情绪。不用标点符号的人往往较成熟内敛，不想让别人注意到自己的情绪。他们往往心思细腻，比较喜欢考虑别人的感受。需要注意的是，如果不用标点符号加上言语混乱，可能只是单纯的懒或者对你不感兴趣。

总而言之，标点符号是一种人们经常会忽略的看似无用的信息，但它的观察分析价值，绝不亚于所有图像化的信息，希望大家多多加以观察与实践，得出自己的心得与总结。当然，我们需要学会质疑，因为人性是复杂多变的，即便我们掌握得再多，也无法保证将一个人看得明明白白。

关于社交媒体的解读技巧，我们就说到这里。有一点需要提醒大家，一个人的昵称、个性签名、头像、朋友圈内容等都是有时限性的，只是反映了此人当时的情绪和心态。因此，大家在解读的时候，请务必考虑这一点，要学会站在更大的时间格局上去观察和分析一个人。

微信和朋友圈的存在，在一定程度上化解了我们的焦虑，满足了我们的表达欲望，也透露出了各种各样的信息，让我们看到了大千世界中每个人个性化的差异，同时，也给我们提供了很好的读心线索。下次当你在闲暇时翻开大家的朋友圈时，希望你能带上一双慧眼，看到他人看不到的"风景"，读出发布人内心隐藏的话，了解到一个人的真实内心。

第八章

一生只需懂得一个字："爱"

恋爱、婚姻一直是社会各界广泛讨论的话题。什么是爱情？什么又是婚姻？这本来就是两个不同维度的问题，争论不休，难以定论，可能唯有如何做才是真正值得我们探究的话题。本章，让我们站在读心术的角度，和各位读者一起探讨如何正确建立与维系一段好的亲密关系，我会为大家分享一套完整的亲密关系实用锦囊。

很多人第一次想要读懂他人的内心想法，大都是在情窦初开的时候。面对心仪的那个他（她），你很想知道对方到底是怎么想的——他（她）知道我喜欢他（她）吗？他（她）对我是怎么样的态度呢？他（她）知道我现在为他（她）所做的事情吗？这种埋在心底，想要知道答案，却又不敢轻易开口问的纠结情愫，构成了我们青春时期一段美妙的青春记忆。这也是爱情让人辗转反侧的魅力所在。

可是，在爱情来临的时候，难道我们真的就只能茫然猜测吗？我们可不可以通过一些方法，来获知对方的想法呢？当我们突破艰难险阻，终于和另一半建立起恋爱关系时，我们又会面临新的问题——如何去维系这段关系？怎样保持彼此间的吸引？怎样实现情侣之间的有效沟通？怎样处理不期而遇的冲突和矛盾呢？如果你是一位读心高手，这一切都将不再是问题。

我们学习读心术，是希望它可以帮助我们打造一段完美的恋爱关系。然而，我们要面对一个问题：一段完美的恋爱关系需要考量哪些因素呢？或者说，我们可以将这个问题分解成如下三个具体的问题：

1.面对一段恋爱关系，如何做才能让我们获得一个满意的开始？

2.如何有效地维系恋爱过程？

3.如果某段恋爱关系不得不以失败而告终，我们是应该挽回还是果断放弃呢？如何让自己更好地走出失恋的阴霾？

接下来，就让我们针对上述三个问题，看看"读心术"究竟为我们提供了哪些切实可行的策略？

一、爱情，有个猝不及防的开始

任何一段爱情，在发生的时候往往都是猝不及防的，总是令我们感到措手不及。如下几段场景相信大家都有所体会：

场景一：

某家咖啡馆，一位女士正纠结于要不要接受某位向他表白的男士，于是找到身边的朋友倾诉道："亲爱的，我最近遇到了一个男生，各方面条件都还不错，你说，我该不该接受他？"

场景二：

一位男士正在拼命表现自己，只为博得女神一笑，殊不知，在这段关系中，女神感觉有点迷茫，她不清楚眼前人是否是对的人？直到有一天，女神向他发出一张"好人卡"，难为情地向他表示："你很好，如果我们能够一直这样做朋友，我想我会很开心的。"男士暗暗发誓，一定要搞定她，于是开始了更猛烈的进攻。一段互相伤害的"你追我逃"的"追爱大作战"就此拉开序幕。

场景三：

在面对一段突如其来的恋情时，很多人表现出难以启齿的样子，被询问后的回答往往是："我不确定他（她）是否喜欢我，我害怕说出来连朋友都没得做。"继续追问的回答是："我害怕受伤，早晚都要受伤，何必要开始，一个人不是也挺好？"

通过以上三个场景，我们不难发现，很多人在本应该单纯美好的恋爱关系中煎熬着、纠结着、痛苦着，最终就算走到一起也往往并非两情相悦，而是暗含着某种"被说服"和"妥协"的味道。

　　"我感觉他对我真的很好，再说了，和谁在一起不是都一样吗？"

　　"这姑娘是挺做作的，但女孩儿不都是这样吗？爱她就要包容她。"

　　透视生活中一段段恋爱的开始，我们会发现"男人都在要，女人都在作；男人必须得到，女人必须恐慌"。那么，究竟是什么导致了这些问题的产生？我们所向往的爱情真的就是这个模样吗？我想答案显然不是这样。好了，现在请正在看这本书的你回答我几个问题，你的恋爱经历了一个怎样的开始？无论是当下或是曾经，是否也或多或少地经历了一段难以言表的开始？是稀里糊涂地就开始了，还是你从未敢于开始？如果是这样，是什么导致了这些问题的发生？

　　这些问题的原因其实在于，我们出现了一个"关系逻辑的谬误"。或者说，我们对什么是恋爱关系存在着很大的误解，甚至全然不了解。在读心术的思维模式中我们会发现，任何关系想要拥有一个好的开始，一个良性的发展过程，一个美好的结果，不二法门一定是"愿知己愿知彼"的动态交互过程。在这样的过程中你来我往，关系得以良性发展。恋爱关系从属于人际关系，建立人际关系又是我们每个人的"基本需要"

之一，我们通过建立人际关系获得"归属感"。

正如英国诗人约翰·多恩所说"没有人是一座孤岛"，建立人际关系这件事是人的本能需求，而恋爱关系更是所有人际关系中最具有特殊价值的关系。它为每个人带来了两极化的情绪体验——爱到深处心生喜悦，痛到深处心生仇恨。因此，我们更要认真对待恋爱关系，做到知己知彼方能让这段关系更加稳固。那么，如何做到知己知彼呢？这个问题属于非常个人化的问题，每个人都有自己的答案。但是，无论如何，在开始一段恋爱关系之前，我们要先明白，自己究竟适合什么样的"恋爱关系"。

1. 了解属于自己的"爱情依恋类型"

想要知道这一点，首先你必须要清楚自己的"情感依恋类型"。依恋类型生成于婴儿时期与父母的互动模式，在后天的各类情感关系中得以巩固与强化。在恋爱关系中，依恋类型大致可分为四种，它们分别是安全型、占有型（或焦虑型）、拒绝回避型和忧虑回避型。而以上四种类型正是来源于我们在婴儿时期形成的三种依恋类型，它们分别是安全型、焦虑型和回避型。

安全型依恋的孩子在看护人离开身边的时候往往会表现出不安，但会逐渐安静下来继续玩耍，当看护人回到身边时则会表现出欢喜；焦虑型依恋的孩子在看护人离开身边的时候会表现出同样的不安，但是他们却无法逐渐安静下来，并且当看护人回到身边的时候，他们的表现往往处在粘人或排斥两种极端状态下；回避型依恋的孩子在看护人离开时不一定表现出不安，但也不会在看护人返回时表现出欢喜。

因为我们每个人都在这样的情感运作模式下建立着亲密关系，所以这套模式将进一步引导我们去喜欢某一类特定人群。这也就恰好解释了为什么我们当下的恋爱关系中，有些女士总会遇到渣男，一谈恋爱就遇到渣男，究其原因可能是，这类女性在与男士的相处中无意识地开启了自己特定的内在情感运作模式，也就是所谓的依恋类型。通俗点说，就是渣男的行为让这类女性在饱受伤害的同时，又符合了自己长久以来先天与后天共同作用出的依恋模式。我们之所以要明晰自己的依恋类型，就是因为我们绝大部分人都是在被自己潜意识的心理模式所引导着，而非有意识地进行自主选择。

那么，以上四种依恋模式在实际的恋爱关系中又是如何表现的呢？

首先，安全型依恋的人在四种类型中最容易获得并维持一段高质量的恋爱关系。他们通常愿意主动打开心扉，擅长非常灵活的沟通方式，容易与他人达成一致。在恋爱出现矛盾的时候，他们也能更加主动地寻求解决问题的方式，而不是忽略或是回避问题。

非安全型（焦虑或占有型）的人会在面对问题与冲突时束手无策，他们通常会把导致问题的原因归咎于伴侣身上，并且缺乏有效的沟通能力。如果你留心观察，就会发现，这种类型的女生在与男朋友吵架时往往善于冷战，任凭男友多么激烈地表达情绪，她就是闷不作声，问题自然无法得以妥善的解决，恋爱关系也很容易崩溃。

焦虑型的人在与人交流的过程中，往往思考模式僵化，情绪波动很强，经常口无遮拦，心口不一。值得我们注意的是，这四种依恋类型的人在选择分手时，最绝情的往往是安全型的人。非安全型的人总喜欢在一段感情中分分合合，进进出出。所以，我们也可以理解为：安全型依恋类型的人的恋爱关系往往是持续的、积极的，伴侣之间更容易相互成长；而非安全型（焦虑或占有型）的人的感情生活往往跌宕起伏、轰轰烈烈，甚至惊心动魄。

2. 熟悉自己的恋爱风格

从心理学角度看，爱的风格一共分为六种：情爱风格（喜好伴随着激情的浓烈的爱）、游戏风格（游戏般的恋爱）、友情风格（喜欢从友情慢慢过渡到爱情）、现实风格（恋爱时，给人以务实的感觉）、抓狂风格（依赖、占有的风格）以及付出风格（喜欢单方面、不求回报的付出）。

研究表明，在各类恋爱关系中，男性更希望自己的爱情如游戏般，而女性则更希望这段关系是"友情型"。当然，游戏型的风格被公认为是最糟糕的恋爱风格，这种风格的恋爱往往也都无法长久，而友情型与付出型被认为是最理想的恋爱风格。心理学家也通过研究证实，那些拥有美好恋爱关系的伴侣，往往在恋爱风格上都有着惊人的相似。

当我们了解了自己的"爱情依恋类型"后，就洞悉了自己在一段恋爱关系中将会如何与伴侣进行交流，如何处理矛盾冲突。有效分辨出自己的"爱情依恋类型"可以帮助我们有意识地选择与自己风格相近的伴侣。当然，也有人会问："我就是不敢去开始一段恋情，这怎么办？"别着急，试着回到我们前面所说的内容，看看自己是否正在被某种依恋模式影响着？你的恐惧可能来自于自己的原生家庭，也可能来自于某段失败的恋情？

回到前面关于"我有喜欢的人，但我不知道该如何表白，也不知道对方是否喜欢自己，该怎么办？"这个问题，我想可以给大家分享这样几点：

锦囊一：把握交流机会，建立行为模仿

试着想象一下，假设你正与你的意中人身处在某个场合中，此刻，你可以做些什么从而了解到对方也对你拥有同样的好感呢？第一步，我们需要借助潜意识的力量。当你发现你有机会和你的意中人展开一段交流的时候，你要尽快抓到对方的语言节奏、用词习惯、肢体语言甚至是呼吸频率。然后进行不刻意的模仿，让对方看你就像照镜子一样，同时要保证你与对方的交流是"开放"的，注意避免出现下列行为：

1. 说话时，双手插兜；

2. 说话时，手持某个物件，如钥匙、手机、水杯等；

3. 交流时，身体与身体之间不要出现障碍物。

最重要的一点，将你们两个人调整到面对面的状态，让彼此可以做到"推心置腹"。大家可以试想一下，当我们与某人的关系可以用"推心置腹"这个词来形容时，通常处于什么样的姿势状态呢？当然是面对面。也就是说，当你与他人表示很亲密的时候，其实无须在言语中透露，你们的身体姿态已经揭示了答案。需要提醒大家的是，当你通过这种方式表现你对对方的好感时，不可以完全面对面，那样可能会对方感觉有些不适。正确的做法是，保持你的身体与对方的身体之间形成 45 度夹角的面对面，这样才最为合适。

锦囊二：善于使用"余光"

在某种状态下，眼睛可以代替你所有的语言。你需要做的就是，用余光去观察对方，当然，你不可以过度使用余光，让对方觉得你"心术不正"。你要用余光去看对方，直到对方也看着你为止。接下来，我们会本能地想要转移视线，但在这之前，记得和对方保持一到两秒的目光接触。在催眠学中，有一种技巧叫"催眠凝视"。掌握这种凝视方法，会让一个人觉得你的目光具有极强的穿透力，仿佛可以一眼看穿他的内心。而这种催眠凝视的关键技巧就在于，我们在和某人产生目光接触的时候，切记不要盯着对方的眼睛直勾勾地看，这样会让对方产生不良反应，而是应该盯住对方双眼之间或者双眉之间的眉心处。大家可以在镜子前或是找身边的朋友练习并感受一下。

当我们与对方进行过短暂的目光接触后，不要通过转动你的头来转移视线，而是应该在保持头部不动的情况下，只动眼睛，将你的视线转移到下方或者地面。这里的视线下移有两层意思：一是认同对方；二是向对方传达好感。

锦囊三：使用非语言信息传递"好感"信号

此锦囊是锦囊二的一个扩展。你知道还有哪些非语言信息可以传递出向对方表示好感的信号吗？

对于女性而言，单手托腮、倾斜头部、抚顺秀发是比较合适的传递好感的非语言信息，但过于传统或有些略感轻浮。

不妨可以试试下列方法：

1. 如果你与对方同处于坐姿，不建议你双脚交叉，这会给对方的潜意识造成一种阻抗感，最好双脚平放于地面，同时可做出单手托腮的动作，表示在认真聆听对方讲话。你也可以在对方向你讲述某件事的过程中，身体向前倾，表示对对方所说的一切抱有强烈的好奇。

2. 推杯技巧。也许有不少朋友听过这个技巧，怎么做呢？很简单，比如你与你的意中人落座在某家咖啡厅或是餐厅，在闲聊的过程中，你可以将自己的水杯在不刻意的情况下推向对方的水杯，使两个水杯靠得更近一些。如果对方对你并不感冒，你会发现，他（她）会很快地将杯子再度拉开距离。

最后，大家可能要问，我们如何检验这些技巧使用后真的有效呢？如果你在运用这些技巧显得很自然，看起来像是不经意而为之，那么，如果对方对你有好感的话，对方也一定会不经意地释放出相应的讯号，而你要做的就是在第一时间及时抓住这些反馈。如果对方对你所采用的技巧产生了压力感，比如紧张、小动作频繁、抚摸自己的脖子或是目光游离，也大可不必惊慌失措，这可能是对方在确认自己的现实感觉。

接下来，我们进行下面两个问题的解答。当我们真正身处在一段恋爱关系中时，应当如何更好地维系恋爱关系呢？当我们不得已走到了失恋的边缘时，又当如何妥善地处理呢？

我们都清楚一件事情，那就是，无论哪一种人际关系都需要我们精心维护。那么，我们究竟怎么做才算得上是维护彼此之间的感情呢？还是说，感情真的像生活中大多数人所言的那样，顺其自然就是最好的呢？心理学家做了很多相关的探索与研究，试图定义何为"感情维护"，就目前已知的研究来看，"感情维护"有三个不同的阶段。

第一阶段：感情保持阶段

通俗来说，就是维护感情本身的存在，不让其褪色，尽可能地保持起初作用于彼此之间的某种吸引力。这里我们需要明白，这是一种怎样的吸引力呢？你与对方是因相似而相互吸引，还是因为彼此之间的差异性而相互吸引呢？

吸引力，从心理学的定义来看，是一种"态度"，指我们对于某一人、事、物在思维层面所产生的亲近感或是排斥感。既然是"态度"，它就一定会受到情感、信念以及认知等诸多因素的影响。当我们感觉某人存在某种吸引力时，我们的心理经过了这样三个阶段：

1.思维的加工（来源于早年经历形成的信念）；

2. 情绪的产生（一般不会是某种单一的情绪）；

3. 行为或行为趋势的产生（决定亲近或是排斥）。

想要真正了解吸引力，仅仅明白它的运作原理是远远不够的，我们还需要知道吸引力所包含的三个方面：

1. 平衡理论

平衡理论由心理学家海德于 1958 年首次提出，简单来说就是，人都是向往和谐的，无论何种关系，我们都希望它能保持平衡。比如，你和你的恋人都喜欢看电影，但喜欢的电影风格不同，你喜欢科幻电影而对方喜欢爱情电影，基于平衡理论，你会选择少看一些科幻电影，多看一些爱情电影，来处理这个矛盾点。因此，平衡理论的理想状态就是，当我们周围的人、事、物和谐统一，我们的生活就会简单明了，人际关系之间的吸引力也将更加持久，达到所谓的"心态合一"。当我们与伴侣之间感受到心态的不统一，我们就会产生改变自身心态来达到跟伴侣合拍的愿望。

2. 吸引力的持续加强措施：设定奖励机制

大家乍耳一听可能觉得有些难以理解，又不是小孩子，怎么谈个恋爱还需要奖励？各位先少安毋躁，我们必须明白，想要强化任何一种认知或是行为，都必须建立在某种条件作用下，也就是所谓的"条件反射"。吸引力也是如此，举个例子，如果你的意中人经常光顾某家风味小吃的餐厅，而你恰巧也喜欢去这家餐厅，那么时间一长，对方就可能会将吃美食时所产生的某种喜悦感与你相挂钩，从而对你也产生某种好感。这就是我们所说的"条件反射"，反过来，如果你想让对方对你产生好感，你就可以采取这种方式，将某种人为操作的偶遇变得像自然发生一样。

3. 你们之间的吸引力是相似还是有差异

俗话说"物以类聚，人以群分"，两个人拥有的相似性越多，那么他们成为朋友的概率就会越高。所以，相似性可以提高吸引力，那么，差异性也可以吗？是的，完全可以。但时，如果恋人之间的差异性越大，则感情越难以长久。心理学家就此提出过一个概念——"致命吸引力"。它指的是，曾经被认为是最令人着迷和极具吸引力的特质，在分手后却成为最致命的缺陷和瑕疵。比如，一个内向腼腆、有些忧郁气质的人被一个外向、阳光、积极的人所吸引，那么这个人身上的外向、阳光、积极的特质便是"致命吸引力"。致命吸引力非常容易在三个条件的作用下发生：

（1）对方与自己完全不同；

（2）对方拥有平常人所没有的特质；

（3）对方拥有超越其性别本身的特质（比如一名男性拥有细腻敏感的性格特质）。

如果你的伴侣的某种行为让你感到无法接受甚至近乎抓

狂，那么你需要认真地想想，这种行为是最近才有的还是在你们相遇之初就显露的呢？或者说，你恰巧就是被这种行为所吸引的呢？

感情保持阶段的另一个重要因素是积极想象。有研究证实，情感关系中适度的幻想可以在一定程度上提高满意度、热恋度和信任度，并有效减少冲突和矛盾。同时，感情中的幻想还可以增强恋爱关系的持久性，当我们抱着积极乐观的态度来看待伴侣时，自然就能时时处处看到对方的优点，由此增进感情。所以，敏感多疑的女性需要经常保持积极幻想，这样能够改善彼此的恋爱关系，将感情引向更好的一面。

综上所述，有效地利用吸引力与积极幻想，对于感情维护有着非常重要的作用。

第二阶段：感情维稳阶段

第二阶段是在感情保持的基础上让感情更进一步的阶段。在这一阶段，我们需要更多的良性交流与沟通，掌握如下两个方面：

1. 沟通中的自我曝光；

2. 实用的日常沟通技巧。

自我曝光，从广义上来说就是向他人告知你的感觉、态度、经历等个人情况，在亲密关系中，自我曝光还包含一定的亲密性信息，并且要承担分享这些信息的风险。一般性的交流，我们只需要呈现一些基础的自我信息即可，而自我曝光则意味着我们要卸下社会面具，放弃精心选用的言语，与他人分享我们内心深处最真实的情感与想法。值得说明的是，无论我们进行自我曝光的目的是什么，在一段关系中，它都具备不可估量且巨大的震撼力。在一段恋爱关系中，如果情侣之间正处于某种矛盾或误解中，自我曝光往往可以顺利解决问题。

一位专注于自我曝光研究的心理学家曾说，掩饰和隐藏我们内心深处的真实情感与想法是让我们与他人关系变得疏远的主要原因。拒绝自我曝光将会导致我们对自己以及他人产生挥之不去的负面情感，甚至产生身心疾病（如抑郁、焦虑等）。因此，一定程度的自我曝光是非常重要的。那么，我们究竟应该如何进行有效的自我曝光呢？

首先，自我曝光必须是持续进行的，从感情之初到逐步发展成熟后，我们都需要循序渐进地剖析自己。我们经常会看到，在结婚之后，随着相处时间的推移，很多伴侣在不同程度上放弃了自我曝光，最终失去信任，让关系变得糟糕。

其次，需要注意的是，自我曝光是双方互动以及相互影

响的动态过程。自我曝光通常包含两个方面：一方愿意进行
自我曝光，另一方愿意接受自我曝光。而且，自我曝光的内
容不能仅仅是表面化的不重要的信息，而应当是当下真实的、
发自内心的情感与想法。

说完了自我曝光，接下来就与大家分享一些用于情侣之
间沟通交流得比较实用的锦囊妙计，这样技巧同样是以读心
术作为思维模式从而推导出的，大家务必结合前面读心术的
理论一同使用。

1.坦白告知对方你对他的好感、喜欢与爱恋。也就是说，
我们要多赞美对方，时刻关注对方优秀或令你感到不一样的
地方，适时地给予赞赏。

2.坦率的表达自己的情感，无论是积极的还是消极的，
都不要伪装或是压抑。

3.至少让自己看起来非常乐观、积极，让自己的身体也
同样表现出积极乐观，很简单，如果你的表情是在笑而你的
身体又像压着一块儿大石头，这很难令人相信你是乐观的。

4.时刻从两个人的角度来考虑事情，言语中学会经常使
用我们，而不是"我"或是"你"。

5.自我曝光也需要留下一些私人空间，学会在其中找到
合适的平衡点。

6.如果你想和另一半更加亲密，要学会面对面交流，同

时高频率地保持目光接触。

7.学会从你的另一半的角度考虑问题，可以期待但不要要求对方也这么做。

8.只有一种情况下你可以打断对方与你的交流，就是他在称赞你的时候，除此以外，你需要的是竖起你的耳朵，认真听对方想要表达什么。

第三阶段：感情成熟阶段

在这一阶段，除了以上我们说的要持久保持自我曝光以及多交流外，我们还需要了解感情关系中一个很重要的模式——"时间过滤模式"。在感情发展的初期，个人背景或者环境因素的差异并不是很重要，一旦感情进入到了稳定时期，双方的价值取向和家庭观念就变得更为重要了。也就是说，在感情发展初期，外在的吸引力占据主导；感情发展中期，个人信仰以及道德观念占据主导；等到感情成熟阶段，双方之间的互补就最为重要了。

在感情发展初期，无论你与另一半是因为相似还是有差异而相互吸引，都不重要，但到了感情成熟阶段，这种吸引力必须是相互补充的。只有双方处于相互学习，相互成长的状态之中，感情才能够得以长久延续。

所以，一段感情能否得以长久维持，关键在于这样几个因素：

1.吸引力的适度调整；

2.自我曝光的持续；

3.沟通交流（包含语言与非语言）。

了解并在生活中加以实践以上几个层面，你会发现，一段感情的维护并非想象中那么艰难。

当然，因为无法维系最终导致感情破裂不得不分手的恋情，也不在少数，那么一旦我们的感情最终走向了这个结局，我们又当如何妥善处理呢？

感情破裂，很大一部分原因是彼此之间存在某种冲突，化解冲突有没有行之有效的技巧呢？这里就为大家总结四种不同的冲突处理模式：

1.远离冲突（和另一半先短暂冷静一阵子，这样做能够掌握主动权但对关系的破坏性仍然很大，冷战就是属于这种处理模式）；

2.发声（与另一半就如何处理冲突进行耐心地协商，这样做能够掌握主动权而且对于关系恢复有很好的建设性）；

3.忠诚（回避冲突但仍然保留对另一半的忠诚与承诺，这样做你会很被动，但对于关系止损有一定的建设性）；

4.忽略（选择对冲突和另一半都无视，这样做会很被动，且对于关系具有很强的破坏性）。

以上都是可以解决矛盾的方式方法，大家可以作为参考，看看哪一种方式适合于自己的感情处境。

为了让大家做出更合理的选择，这里为大家提供一些用于自我反思的问题，来帮助大家做决定。

设想一下最近你和另一半或家人之间发生的冲突，然后考虑以下问题：

1. 你当时的反应是什么？

2. 你觉得你是完全没有错且有道理的吗？

3. 你有没有把这次冲突做归因呢？如果有的话，归因是什么（归因分为内归因与外归因，内归因就是从自己身上找问题，外归因就是从他人身上找问题）？

4. 你试图埋怨对方或者埋怨当时的情况了吗？

5. 你当时的表达方式是平静的还是焦躁甚至是愤怒的呢？

6. 你们的感情关系在冲突过后是更好了还是更糟了？

当你回答完上述问题，相信你会有所选择的。一般而言，有三种稳定的伴侣模式：第一种是回避式，第二种是有效式，第三种是反复式。回避式的情侣在发生矛盾的时候，通常都比较"佛系"，他们会采取回避的态度，让时间来解决问题。有效式的情侣，会积极地就事论事解决问题。反复式的情侣，就像电影中的男女主角一样，吵就歇斯底里地吵，和好就轰轰烈烈地和好。当然，并没有哪种解决矛盾的方式更好，重要的是哪一种适合你当下的情感处境。

另外一个问题是，我们该如何处理失恋的问题。当我们不得以要选择分手的时候，请记住，无论我们多么不愿意相信或是承认，在这个阶段，如何重新找回当初敢爱敢恨的勇气，才是我们最终要学习的。当然，这一切都是说起来简单，做起来难。这里只能给到大家一些小的建议了，不妨试试看。

1. 让自己准备好，给自己充足的时间从失恋的苦海中慢慢地游回岸边。与他人建立关系是我们身为人的基本属性之一，一旦失去这种连接必然导致重大的创伤，谁也没有可能一夜之间就抚平伤口。重点在于，不要压抑自己，痛就让自己痛的彻底。这段时期，唯一要注意的是照顾好自己的各种需求，每天多多运动。当然，寻求各种社会支持也是必要的，比如和朋友家人多多交流此刻的想法与感受，即便是失恋，也需要我们主动且积极地面对。

2. 将所有能够使你联想到前任的东西全部清理掉，这里需要记住，微信拉黑与删除是不一样的。

3. 挑选一个晚上，整理好自己的思绪，带着怀念的心情，写下对于前任的思念以及告别，不要压抑自己的情绪，写完后装进信封，最后烧掉它，是的，不是让你交给他，烧掉是一种具有仪式感的告别。

3.尽快回归到社会性活动当中，比如借由单身的机会，多参加社交活动或是报班学习技能提升自己，重新找回自信。

4.训练自己有意识地喊"停"。我们都知道，处在失恋的状态中，有关于那个人的美好回忆总是会控制不住地出现在脑海中，这时就需要我们有意识地训练自己。每当此时，就在脑海中写下一个大大的"停"字，让这种行为成为一种无意识的习惯。

5.多参与放生活动或是公益活动，让自己经常处于有爱的能力状态中，因为在失恋状态下，我们很容易感觉自己没有爱的能力了，事实上，你我都知道这并非是真实的。

虽然给了大家一些方式方法去应对失恋，但也许仍然是无力的、苍白的，也许，真的也不需要什么方法，就像当初爱上他（她）一样，没有任何理由。爱真的很简单，享受它，无论喜悦还是痛，都去拥抱它。

有的人在爱情上如鱼得水，有的人则会一直郁郁不得志，导致这两种局面有差异的原因，固然和很多客观因素有关，也与我们的言行举止和思维方式这些小细节不无关系。

爱情是非常美妙的东西，我们每个人都渴望拥有爱情，但我们不能仅仅依靠缘分和上天的恩赐，那些不肯作为、守株待兔的人，是很难拥有美好爱情的。爱情同样需要行动，需要对于细节的观察与留意。爱情，既然是心与心的关联，那么就请你重视彼此的内心，做一个善于读心的人，读懂对方的内心，从而俘获对方的芳心。

第九章

读心人眼中的"买与卖"

消费与销售，往往是个一体两面的问题。会买的不一定
会卖，会卖的往往也不一定就会买。消费者如何确定自己买
到手的东西就一定是自己想买的？我们会不会被某种看不见
摸不着的东西所操控？销售人员费尽心思打磨的销售技巧是
否真的能够达到销售目的？这一章，我将通过心理与行为分
析，为各位分享一个读心人眼中的"买与卖"。

通过直播卖口红的"营销狂魔"李佳琦，近来可谓火遍
了整个网络。导购员出身的他，通过富有技巧的解说手段和
老练的营销心理把控，实现了令人瞠目结舌的业绩。然而，
作为消费者的我们，显然不能一味地去迎合这些营销手段——
不然很快我们的"财政赤字"就会把我们推进深渊。一方面，
我们需要通过营销信息来获得商品的情况；另一方面，我们
又怕中了商家的营销圈套。这之中的关系应该如何拿捏？我
们怎样在商家日新月异的推销"攻势"里辨别真假，避免受
骗呢？这一章会给你答案。

每逢"双十一""双十二"、情人节等节日，我们总会看到一些女孩子向她的朋友们说道："天呐，你知道吗？我终于鼓足勇气把我的购物车清空了！"很多人在消费时可能从来没有思考过这样几个问题：我们为什么而消费？我们所买的东西，一定就是自己非常想买的吗？消费真的存在冲动与理性吗？如果存在，那我们应该如何克制冲动消费呢？

我们再回顾一下那个生活小场景，当那个女孩子对她的朋友们说出那句话时，她脸上的表情、动作以及神态，是不是都与她的情绪情感直接相关？从某种程度上说，我们所消费的并非仅仅是物质商品，我们其实是通过消费满足了自己的情感需求。可大家有没有想过，我们真的需要通过消费来满足我们的情感需求吗？还有没有更合适的选择呢？是不是我们找到了另外一个情绪的出口，就能够克制自己的冲动消费呢？

请你再想象这样一个场景。在某商场的儿童玩具售卖区，我们看到一个四五岁的孩子正在声嘶力竭地向他的父母索要一个心仪已久的玩具。请大家回答一个问题，这个孩子真的是喜欢这个玩具吗？很明显，不是。因为我们经常会在这样的情景之中听到他的父母说出这样一句话："不是已经给你买过一个了吗？怎么还要？"

大家有没有发现，不论是那个女孩子还是这个四五岁的

小孩子，在消费行为的本质上几乎都是一样的。只是那个
四五岁的小孩子的认知能力让他没有办法说服父母为他再购
买一个同类的玩具，而成年人却能够找出各种各样的理由来
让这笔消费变得合理化。

我们必须承认，我们生活在一个充满了"广告"的环境中，
而每一个广告其实都是在向我们供应着某种生活方式或是某
种价值取向，每一个广告也都在向我们做出不可能兑现或者
不可能完全兑现的承诺。我们甚至可以简单粗暴地理解为："如
果我们想要感觉到幸福满足，就必须要买、买、买！"如果
你也恰巧这么认为，那么你已经陷入了广告商的圈套之中了。
因为在你每一次整理房间的时候，那些曾经心心念念要买回
来的如今却令你不知道该如何处理的物品就是最有力的证明。

我们要想真正理性地对待广告对我们的影响与控制，就
必须要清楚，广告是通过哪些手段来影响我们的。这里我想
引用一位心理学方面的研究专家所说过的一句话：你必须明
白，人类对语言有着内在的抵御机制，但对形状（图像和符号）
和颜色却没有同样的抵御机制，因为我们没有意识到形状和
颜色对我们产生了怎样的影响。颜色无疑是最强有力的表达
情感的工具。在一个关于"无意识的身体反应"（比如眼球转动、
心跳、大脑活动）的研究中，我们发现，当我们看到某种颜
色的时候，这种颜色会迅速而强烈地引发我们内在的反应。

颜色通常是在无意识中以一种无法言喻的方式影响着我们。语言可以被我们识破，但我们对颜色却毫无招架之力。厄内斯特是一位非常著名的心理学家和市场营销专家，他曾经总结过颜色对我们的心理产生的影响，他把这些影响总结如下：

1. 颜色能够引发我们的情绪；

2. 颜色可以在瞬间激活我们的情感；

3. 颜色容易使受众产生强烈的认同感与情感投入；

4. 颜色可以增强信息的凝聚力与整体性；

5. 颜色不像语言或图像那样需要我们翻译并思考，它比任何东西都要容易被感知；

6. 颜色对人的影响往往是持久的。

此刻，我想和大家做一个读心游戏，来看看颜色是如何被我们感知并影响我们的。现在，请大家专注于我所说的内容，并立刻说出一种颜色来。我相信大多数人都想说的是红色。我们通常情况下都会想到红色，这是因为红色和人类几乎是最为相关的。在我们的印象中，红色常常传达出危险的、禁止的信号。这其实也是在告诉我们，我们已经赋予了每种颜色以一定的意义。那么，颜色究竟是怎样被营销者所使用进而影响我们的消费行为呢？

营销专家厄内斯特做了这样一项实验，恰好充分说明了这一点。他为了验证咖啡包装的颜色能够对消费者的口感产生影响，自己煮了一大锅咖啡，然后再把咖啡分别倒入不同颜色的杯子当中。这些杯子的颜色依次是棕色、红色、蓝色以及黄色，结果他发现：73% 的人觉得棕色杯子中的咖啡过于浓烈，84% 的人认为红色杯子中的咖啡口感很丰富，79% 的人认为蓝色杯子里的咖啡口感适中，而 87% 的人则觉得黄色杯子里的咖啡口感太淡。因此，我们说，包装使用的颜色能够引起我们对包装内东西的期待。东西是什么不重要，重要的是这些期待会影响我们品尝或是使用它们的感觉，尽管这些感觉往往只是错觉。别忘了，四杯咖啡都是出自同一锅。

当然，聪明地运用颜色是唤醒我们基本情感的最好方式。颜色往往代表着一种自由的表达，而形状则象征着某种秩序，这一点，路易斯·切斯金的实验为我们再一次提供了有力的证明。他在一次实验中，将同样的商品进行了两次不同的包装，然后在一个包装上画上三角形而在另一个包装上画上圆形，最后他让参与实验的被试者选择更喜欢哪一个。结果，80% 的人都选择了画有圆形标志的商品。

这个实验并不一定能说明，你也一定会选择画有圆形图案的商品。你可能会选择三角形。没错，我们当然有追求个性化表达的权利。但是这个实验告诉我们，我们似乎不善于将产品与包装分开对待，我们往往会因为某种产品的包装精致就认定该产品本身的性能也不会差。

其实，像诸如此类的影响我们的消费行为的案例不胜枚举。英国 BBC 电视台曾做过一档纪录片。纪录片当中，一个广告设计团队为生活中最普通不过的自来水设计了一款具有未来科技感的瓶子，上面印有 H_2O 等化学元素以及一些奇形怪状的形状图案。最终，由纪录片团队将这样的水带到生活场景中，让普通人去品尝并且为它定价，结果令所有人大吃一惊。80% 的人都觉得这款水具有很多功效并为其定下了高出市面上大部分纯净水的价格。当然，这款水其实仅仅是来自当地的自来水。想想看，我们在生活中有没有被某款纯净水的包装所吸引并且相信它拥有什么特殊的功效呢？是的，正如大家所看到的，我们每天都在被形形色色的广告、包装以及创意设计所吸引眼球。它们操纵着我们的购买欲望，让我们在无意识中被其影响。

如果购物是一种非理性的行为，那么包装就是引发这种行为最有效的工具。从理论上来说，当商品设计者在设计某种包装的时候，他必须要想到这种包装会释放出怎样的信息。我们无须知道任何包装所释放的信息，但我们要清楚，我们喜欢上的东西并不是我们内心的真实需求，很有可能是它们诱导我们喜欢上的。

让我们看看，我们每天都经过的商场是如何使用心理伪装技巧，来促使我们买下一堆我们本没有计划购买的商品的吧。首先，在每个大型卖场中，如果你仔细留意，你会发现有很多镜子，这些镜子会在无意识之中影响你的购买欲望。当我们走过这些镜子的时候都难免要看一下镜中的自己，这恰好可以让你在某一家店铺门口驻足一下。如果此时你正好对自己的服装搭配不是太满意，那么太好了，旁边就是一个你心仪的品牌，来，进来看看吧。当你刚刚走进这家服装店的时候，你需要几分钟时间来适应一下这家店面的光线以及装修风格。而就是这个时候，这家店铺的灯光、色调就已经开始对你产生影响了。此时，你不会直接挑选衣服，更不用说买，当你适应了这种新环境对你的刺激之后，你就要开始切入正题了——你要挑选衣服。

一般情况下，我们依照习惯，通常会向右手边的货架走去，而商家恰好就利用了这一点，将大部分新品陈列于你的右手边，同时，同一列货架的商品往往是陈列于尾端的商品卖得最好。这里遵循了购物专家帕克·安德希尔所提出的一个因素，叫作"堆挤因素"。也就是说，我们不喜欢在堆挤的物品之间进行挑选，因此，我们通常都会选择尾端或者说靠近尾端的商品。也正因为如此，货架中间部分所陈列的商品也卖得最不好。

还有一点就是，当我们在走路的时候，眼睛往往是直视前方的，这对于按规则排列于两旁的货架上的商品是不利的。因此，商家往往会将他们想让你购买的商品，单独摆放在醒目的独立柜台中。这其实是在提示你"好东西在这里，快来选购"。接下来，你要做的就是触摸商品，感受这件商品的质感。这一点是网络购物所满足不了的。这里提供给大家的信息是，我们在计划外购买的大部分商品都是我们真实触碰到或是品尝到的东西。

购物专家帕克·安德希尔发现，把牛仔裤带进试衣间的男人，有65%的可能性会最终买下它，而女性仅仅只有25%。对于男性而言，价格不是他们的第一考虑因素，因此，男性的冲动消费在某种程度上可能是高于女性的，他们更容易购买计划以外的商品。

还有这样一个有趣的技巧，也被大多数商场所使用。他们会将一些很难卖出去的商品或者非生活必需品摆放在收银台附近，这样当你排队结账并感觉自己已经完成此次购物的时候，很有可能冲动买下他们。当然，打折一定是你最关心的问题。我相信很多人一定都知道，打折其实是个美丽的谎言，因为我们根本就不知道商品的成本是多少，也无法确定商家以什么标准在调整价格的涨幅。我们只会被对方的优惠策略迷惑得团团转。市场营销人员总是定期营造出一种紧张的打折氛围，目的显而易见——促使我们"心动不如行动"，赶快趁机购买。

商家将原本的价格提升，然后以优惠促销的方式诱使消费者下单，让他们相信自己用很划算的价格买到了这件商品。但实际情况并非如此。那些用黄色字体红色背景写下的"减价"，只是为了让你买下它，除此以外，没有任何意义。而那些所谓的试用品、免费商品，不过是为了促使你的潜意识放出信号。比如"请你品尝一个我们最新推出的特色食品"这句话，就会令你的潜意识释放出"饥饿"信号，最终，就算你没有购买这种食品，你也已经将目光调整到食品专卖区了。还有所谓的"对比定价"与"诱饵定价"，商家往往会在某一商品的打折中适当亏损一些，让你有一种"赚到了"的感觉。因为他们心里清楚，当你从店里走出去的时候，带走的不仅仅是这件打折商品，还会有更多其他没有打折的商品。

如果，此时此刻你又恰巧被某种情绪所绑架，比如伤心、孤独或是倍感压力等，你的冲动消费欲望就会更强烈。另外，那些投放于大屏幕上的广告也会令你产生购买的冲动。广告片中名人的推荐，富有诱惑力和煽动力的广告词，演员的情绪释放等都无时无刻不在影响你、操控你，刺激你的神经。

所以，我们之所以会买下那么多不需要的东西，除了大的消费主义盛行的时代背景，我们个人的内部情感需求也是关键原因之一。可以这么说，你买下的东西不是代表了你是谁，就是代表了你想成为谁。我们有很多种购买东西的动机，但其中有两种最具代表性，那就是我们看到了那件商品所为我们制造出的身份认同以及情感调节。

你有没有觉得购物很减压？有没有觉得穿上这件衣服，你就能和橱窗里的模特一样美丽或充满魅力？这无疑是个骗局。商家正是因为抓住了这样的动机，然后结合一些营销手段，来对你进行信息轰炸，仿佛所有的声音都在告诉你：买了你就幸福了；买了你就快乐了；买了你就拥有了一切。

我们说，人是社会动物，我们想要获得情感的需要与满足，最有效的途径就是连接他人。通过连接他人，我们确定了自我的存在，获得了一份长久的安全感。当我们在现实生活中，没有办法很好地经营我们的人际关系时，我们的情感就需要一个出口，此时，消费就是最容易满足我们的途径。

那些容易让我们产生冲动消费欲望的物品通常有以下四类：

1.情感满足类

这类商品往往有着精致的样子，而且不贵，大部分人都买得起，购买这些东西的时候，我们脑中都会出现这样一句话："这个，我值得拥有。"而且，当我们买下这类商品（比如手办、化妆品、书籍等等）时，往往毫无罪恶感。

2. 生活奢侈品

这些商品往往既实用又拥有精美的品质，我们常见的一些所谓名牌就在其中。这些商品更多的价值在于经久不衰的品牌。

3. 身份象征类

这一类商品往往只是满足了你的个人喜好以及身份的象征，比如艺术品、古董或是极为冷门的收藏品，我们通过这些来释放自己的身份。

4. 生活类

这一类物品往往具有极强的实用价值，比如微波炉、电视机、榨汁机等。

当我们疯狂地陷入消费欲望的陷阱中时，必须敏锐地感知到，我们离所谓的安全感也越来越远，最终留给我们的只剩一堆等待处理的垃圾以及一个永远填充不满的内心空洞。

这个时代总在暗示我们拥有豪车、包包、限量版的鞋子等一切物质财富就等于成功。然而，真正拥有这些东西的人幸福了吗？我们习惯把拥有的东西视为对自己存在的一种表达，证明我们的存在。然而，是什么让我们存在呢？是人与人之间的关系。人是社会性动物，一定需要很多外在的东西来保护我们，以此获得安全感，比如食物、衣服、房子，但当我们过于重视某一种安全感的来源，便会慢慢忽略其他的来源途径，从而迷失在消费欲望的陷阱中，而不去想通过建立关系去获得安全感。那些在人际关系上无法获得安全感的人通常会觉得，拥有物质财富会让自己更有安全感，也因此，他的恋爱关系、朋友关系、与父母的关系等统统都会受到影响。

那么，我们应该如何克制消费欲望，实现理性消费呢？这里给大家分享几个在生活中可以立刻使用的技巧：

1. 每次购物之前，手写出详细的购物清单

手写是一种表达与确认，这会促使我们更加确定自己要的是什么。当然，它也有助于我们减缓购物时的压力感。有时，我们不得不承认，是压力造成了我们的盲目购买。

2. 让自己购物的节奏慢下来

通过刻意放慢的速度，给自己更多的时间去审视自我，综合考量过后，确定自己是不是在冲动行事，再做决定。

3. 学会关注商品本身

你要学会分清楚，一个商品使你感兴趣的原因究竟是什么？

你可以将这三个技巧当成三个习惯，我们需要这样的习惯来帮助我们控制自己的欲望。时刻记得从你已经拥有的东西当中寻找一份稳定的安全感。

在如今的市场经济环境下，每一个消费者都应该懂一些

消费心理。一方面可以客观地评价自己的购物需求和购物行为，另一方面也要对商家的各种套路做好合理的防备。有了这些"护身符"，我们就能做到"知己知彼，百战不殆"，该买的东西照样能买，不该买的就省下宝贵的金钱、时间和精力。

第十章

读心识人，只为遇见更好的自己

学习读心术真的是为了读懂他人的心思吗？说到底，人与人的相处，本质上类似于"照镜子"，我们通过他人照见真实的自己。而读心人更是如此，我们需要在每段关系中，树立这样一面镜子，让他人看见自己，也为了让自己看到本不完美的自己。

回顾前文，我们通过各种各样的方式比如观察、微表情识别、肢体语言解读等，试图让大家理解、接纳所谓的"读心术"，但总有人会感觉收获不大，无法将其真正运用到生活中。好，让我们拨开这些技巧的"迷雾"，绕到读心这件事情的背后去看看，我们在对这件事情接纳抑或是批判的过程中，究竟遗漏了哪些线索。因此，这一章的内容可以看作我们在践行所学内容之前的一个"指导手册"。

我在前面曾无数次强调，观察比判断更重要，或者说，判断的前提必须是基于尽可能多的观察。如果你想知道一个人是否在对自己说谎，前提一定是，你是否通过一些证据看到了对方说谎的痕迹，而不是一厢情愿地给对方"贴标签"。需要说明的是，在现实生活中，谎言也有存在的必要。我们可以想象一下，如果在我们的人际交往过程中，完全没有谎言的发生，很多事情的真相是否真的有利于人际关系的和谐发展？因此，谎言未必需要揭穿，学习识别谎言的目的，也仅仅是为了让我们更深入地了解谎言，了解一个人说谎背后的动机，从而了解事情的真相。

所以，读心术其实就是一种"语言"方式，它让我们在人与人互动的过程中，树立以人为本的原则，站在对方的角度去思考问题，去沟通交流，而不是自说自话。我见过很多心理学从业者，无论是心理咨询师还是心理学研究者，如果他们对自身的沟通能力过分自信，过分相信自己的主观判断，那么在生活中，他们反而是沟通能力最差的一类人。所以，我希望你能把学习到的东西真正放到生活实践中，而非生搬硬套。因为任何技巧都无法涵盖所有的人。

很多人学习读心术，其实是抱着想要"控制他人"的想法。这样的想法本没有错，但如果我们细细地思考一下，就会发现，这并不可取。试想一下，如果这个人恰好处于恋爱过程中，那么他就一定很想通过所谓"读心术"的方式去知道对方是不是喜欢他。再下一步呢？很明显，如果爱情是可以人为制造与控制出来的，那么我相信那一定不是爱情。其次，一切有关人际关系的问题，归根结底，大都来自于人的"控制欲望"。当我们想要控制一个人或是一件事情的时候，我们就失去了

换位思考的态度，失去了"读心"的能力，也就不可能真正
了解对方的真实内心。

当你通过任意的方式去了解到一个人对你的想法或是态
度后，下一步是不是应该回到自身去看看为什么对方会这样
想你？只有在这样的视角转化下才有可能促进自己的"取长
补短"，也只有在这样的你来我往的交互过程中，才能真正
激发出读心术的现实意义。最终你会发现，读心术帮助你实
现了人际交往的良性循环。

我们再试着将这样的模式放入亲子关系当中去看看。当
一个母亲对她孩子的叛逆感到束手无策时，往往会怎么做？
愤怒。而表达愤怒的方式往往也就是强硬的压制。这时候，
只要压制出现，就出现了我们所说的"控制"，而"控制"
的结果大多是没有结果，或者说不可能控制得住。

从根本上而言，母亲应该是最了解自己孩子的，但现实
生活中，为何每每最让孩子厌烦的，也恰好就是他的母亲呢？
一切的根源都是来自某种自以为是的"控制"，母亲的每一
次"控制"都是孩子成长过程中一道看不见的疤痕。

很多人读到这里一定会说："那我们就干脆放任不管吗？"
任何事情都不是"非此即彼"的，我们说不要控制，并非放
任不管，而是要控制得当，有的放矢。对于孩子而言，无论
你控制或不控制，他都会经历一段叛逆期。所谓的"叛逆"

不过是一种"心理能量"的释放。作为父母，我们要做的就是陪伴孩子一起度过这个释放过程。在这个过程中，一定会有诸多复杂的情绪推动着你去"管控"，但你要明白，这一切从来都不是孩子"叛逆的问题"，而是你自身的成长不能够接纳孩子的问题。

在对待叛逆的孩子这件事情上，你需要学会观察。学会观察可以让你做到耐心的陪伴，只有耐心的陪伴才有可能更多地了解孩子，了解你与孩子的关系，从而在与孩子的互动中看见自己的不足，最后得到成长与改变。

对于任何一段关系而言，读心术只是充当了维护这段关系的一种方式与技巧，这个技巧背后所遵循的原则就是"以人为本，以对方的感受为主"。当我们了解了自己与他人后，才能让彼此之间的关系变得更好。记住，就算你有能力读懂他人，如果你不了解自己，那么你也无法真正建立一段让你自觉舒适的关系。

任何事情都存在不同角度的认知与理解，一段关系也是如此。我们控制不了一段关系的走向，就像我们无力控制大众对我们的褒贬一样，而我们能做的就是，在互动中看见自己，接纳自己，获得成长。

我们如何去感受一件事情，都有一个固定的模式，也正因为这个模式，我们才会按我们的方式去理解一件事情。我们应当如何改变自己对于某件事情的情绪以及态度，从而驱赶那些不好的、负面的情绪呢？现在，请各位闭上眼睛，想象任何一件让你感觉愉快或是恐惧的往事，然后按照我说的去做。我们现在要做的是，让你把曾经一度令你感到不快的事情，在你的脑海中重新塑造成令你感觉愉快的画面。有以下几个具体的步骤，大家可以记下来，多多练习。

1. 将自己置于安静的环境中，闭上眼睛，回忆一幅令你感到愉悦的画面，然后请在脑海中保持这幅画面。如果在你脑海中呈现的不是一幅静态的图像，而是一部"动态的小电影"，那么，请在你的脑海中循环播放几次。在观想的同时，向自己提出如下几个问题：

（1）这是一部电影还是一幅静态画面？

（2）画面色彩是否鲜艳，是老旧褪色，还是黑白色？

（3）这幅画面或电影离你近吗？试着抬起手臂去触摸它，有没有一臂长？

（4）这个画面有多大？

（5）你是否感觉在画面之中，视角是第一人称还是第三人称？

（6）有没有感觉画面在快进或是快退？

（7）画面就在你的正前方吗？你是仰视它还是俯瞰它？

2. 现在，将这幅令你感觉到愉悦的画面暂时拖放到你的右下角，试着在你的正前方去观想另一幅让你一度感觉到烦恼或是郁闷的画面，同样问自己以上七个问题。然后，努力找找看，这两幅画面之间有什么不一样的地方或是有哪里是一样的？

3.现在，请将这幅令你感觉到不快的画面中的那个令你感到烦恼的行为，替换到刚才那幅令你感到愉快的画面中。然后再试着修一修图，不用觉得做不到，试着调整这两个画面不太和谐的地方，让这两幅画面同样具有愉快的模样和感觉，让郁闷的画面与愉快的画面保持一致。

4.为了让这种愉快的感觉可以加大分量，你可以在新的组合画面中添加一些背景音乐，从而增强画面效果。想象配合着音乐，新画面会越来越鲜艳明快，慢慢地你会开始随心所欲地操纵这些事情。

当你做到了以上几个步骤，你需要做的就是多多练习，让它们发生得更自然一些。我们都习惯用同一种方式去思考，去做熟悉的事情，这个练习就是告诉大家，你需要用新的画面去替代老旧的画面，老旧的画面未必不能重新上色修图。通过这个练习，你可以将那些陈旧的、令你感到烦恼的事情全部强行塞入一个令你曾经倍感愉悦的画面中，同时告诉大脑："我可以重新选择，我不要这样，我要那样！"每次做完这个练习后，请记得清空你的大脑，让它放空，睁开眼睛后，记得问问自己，你对曾经发生在你身上并令你感到郁闷烦恼的事情，是否有了一些看法上的改变呢？尝试去练习吧，请相信我，你的人生也许真的就会发生很大的变化。

当我们合上这本书，里面的很多内容必然会被各位读者逐步淡忘，但我也相信，你对于内心世界的关注、认知和实践，必然会为自己的生活、工作和感情等各个方面，带来有益的东西。我们通过这本书相遇，是一种妙不可言的缘分，希望你能在这份相逢之中，看到未来更好的自己的模样。

番外篇

职场博弈论

附录一　职场心理

如果你是那种不太需要与人协作的"独立工作者"，你不必在这章上花费太多精力。反过来说，如果你身处一家公司，从事的是需要与人协作的工作的话，你很有必要读这一章。

在职场，有的人为了爱好而工作，有的人为了收入而工作，有的人为了一种使命而工作，而有的人只是觉得这份工作能够发挥自己的长处就好。不论你属于哪一种情况，只要你不在职场，你就不再是单打独斗。在职场，你需要了解这两个问题：

第一，在这个"场子"里，有很多人在共同工作。

社会发展到如今，分工越来越细。有人专门生产螺丝，有人专门采购螺母，还有人专门去做把螺丝和螺母拧到一起的工作……人多了挺热闹，但也给我们制造了一些困难，你需要像"八臂哪吒"一般，要擅长和不同性格、不同角色的人打交道。

眼前人多了，事情复杂了，难度自然加大，然而你不能永远只躲在自己的格子间里，你一定会想把各方面的关系都搞好。如果搞好了，你能八面玲珑；搞砸了，他们会变成让你苦不堪言的魑魅魍魉。

第二，你们会相互影响。

在物理学界，科学家们用"场"的概念定义了这种相互影响的关系。你会对这个场子产生影响，这个场子也会给你施加一种影响。这种感觉就像涟漪一样，我们每个人都是一艘船，当水面的某个地方引发了波动，就会影响到我们每一艘船，而你的起起伏伏，也会影响到其他人。绝大多数时候，这种影响会形成一条漫长的"故事线"，故事的结局是悲是喜，就看每个人的修为了。

所谓的"职场心理"，包括自我认知、情绪管理、语言分析、行为指导、角色调用、应激处理等很多方面，如果你能处理好，你的工作就能变得顺利。

职场的另外一面：残酷而令人崩溃

2019 年 3 月，在浙江杭州文一路文菁路口，有一个小伙子骑单车逆行。在交警把他拦下来后，他给女朋友打电话说：

"我逆行骑车被抓了，现在走不了，你在那儿等我吧。"这个电话打完，他就崩溃了。

摔手机、下跪、痛哭、狂奔，甚至有轻生的念头……整个过程，他没有说出一句脏话，满口都是"对不起""我压力好大""大家还在等我加班"，这个背负无数压力和委屈却一直无法吐露的职场年轻人，用一次歇斯底里的崩溃，引发无数身处职场的网友的感同身受，"像极了无数个懂事到连哭都要在无人的夜里捂住嘴巴怕人听见的你我"。

前一阵，在南京新街口地铁站，晚上10点多，一位醉酒的西装革履的男子趴在地上不起，身边到处都是呕吐物。路过的人帮忙叫了警察。警察过来后，该男子的意识还保持着清醒，他告诉警察自己的妻子很快会来接他，还不断向警察道歉："对不起，打扰你们了。"

事实是，这位男子是初入职场在南京打拼的外地人，虽然他很不喜欢应酬，但由于自己是做销售的，为了争取客户签单，还是只能陪客户喝酒。等他的妻子到来后，暖心地抱着他给他安慰时，他自责地说道："我感觉自己，真的没用。"

职场是残酷的，因为我们要面对很多来自工作和职场上人际关系的压力。我们要做的，是尽快洞悉职场规则，提升自己的业务能力，让职场成为我们升职加薪添光彩的舞台。也正因此，了解身处职场所需要的"心法"，让自己更加了解他人，处理好错综复杂的人际关系，是非常有必要的。

行走职场，攻心为上

《三国演义》中，诸葛亮即将南征蛮王孟获，在和前来犒军的马谡聊天时，马谡对诸葛亮说过这样一句话："夫用兵之道，攻心为上，攻城为下；心战为上，兵战为下。愿丞相但服其心是矣。"

这句源自于《孙子兵法》的至理名言，最终帮助诸葛亮彻底搞定了南方问题。没有了后顾之忧的蜀国，也才因此放心地向北方曹魏用兵。

思维决定行为，谁能搞定人心，谁就能立于不败之地。战场上是这个道理，职场上也一样。决定你的职业生涯的，除了业务能力，还有一项"控场因素"，就是职场心理。那些在职场上会做事的人，首先是"攻心"的高手。

职场心理学源自心理学，但又和纯粹的心理学有很大的不同。作为长期研究和关注心理学的人，笔者必须承认，目前的心理学流派众多，关于脑科学的很多基础研究还没有形成清晰、一致的总体系统。所以，涉及心理学的很多分支，虽然有大量的科学化推理结论，但还远没有形成一门系统的学问。

这个看上去很飘忽不定的职场心理学，我们应该怎么面对，又怎样去应用呢？

识别职场角色，制定最优策略

设想一下，正在陌生城市开车或者步行的你，盯着眼前的导航软件略带紧张地前行着，这时候如果手机的定位功能突然失灵，你是不是会陷入非常窘迫的境地？

可以说，一切手忙脚乱的问题，都源自于"位置"的丢失。工作中也是一样，只要是涉及多个人的工作，那么其中的每个人都有其各自的"位置"。明确自己的位置，很有必要。

你也许会听到领导经常说的一句话——"请找准自己的位置"，当这句话说出来的时候，意味着什么呢？

显然，这意味着你需要好好修复一下你的"定位功能"了。如果这个功能出了错误，你在处理各种关系的时候，就会顾此失彼，惹来诸多麻烦和非议。很多人明明很努力，最终闹了个"众叛亲离"的下场，就是对自己在职场的角色定位不够清楚。

身处于群体中的工作者，在处理问题时经常会有这样的困惑。比如，你发现了一件非常有价值却有一定风险的业务，到底要做还是不做，是自己去做还是叫上同事一起去做？自己单独做了会不会成为"出头鸟"？叫上同事去做，如果事情搞砸了自己会不会成为那个把集体"拖下水"的罪魁祸首？类似的种种问题，都需要事先结合我们的"定位"去分析。只要明确了定位，就可以通过你和同事们对应的角色心理，去裁定那个最适合你的做事策略。

定位的第一步，是明确你周边的区域——我们常常说"物以类聚，人以群分"，然而，在同一间办公室里的同事们，很可能并非是所谓的志同道合者。如果你运气足够好，身边的同伴和你秉持着相似的目标和一致的价值观念，而且团队所做的事情本身也具有较高的价值，那么你们做事情的方法一定也不会太差（虽然处事方式可能各不相同）。这时，你只要和各位同事说清楚这件事情的利与弊，自然会有集体建议和决策，决策之后就只管放手去做就好了。

反之，如果大家都只是为了生活才聚集到一起，没有秉持相似的目标和一致的价值观念，那么每个人就会对他人的行事方式高度敏感。此时，不犯错比冒险更明智。哪怕是你咬定了此事值得，最好还是不动声色地去做，这样不论成败，都避免了很多闲言碎语，甚至是干扰阻挠。

实际上，那些具有生命力和成长性的团队，往往都有较高的包容度，而那些喜欢"枪打出头鸟"的人，反倒是弱者角色。因为"绵羊才害怕掉队"。当狼群发动攻击的时候，绵羊们纷纷逃窜，只要自己不成为最后一个，那么被吃掉的就不会是自己。反过来说，如果身边的绵羊伙伴们纷纷加速奔跑，自己很可能就离后面的狼群不远了。所以，处于弱者角色的人，对周围卓越的同伴容易产生嫉妒心理。

提及职场角色，有一个心理学效应你必须了解，那就是"刻板效应"。刻板效应是指人们容易对某个群体保持一种固定不变的、习惯性的看法和评价。比如，如果面试官对面试者的身份背景、学历能力有一个固定且笼统的看法，就很容易造成他们无法将有能力但学历缺乏的人才匹配在合适的岗位之上。所以，大家都应该努力打造好自己的职场角色。

附录二　职场情绪

我们会有这样的体验——同样一件工作，同样一个任务，为什么这一天做的时候就顺风顺水，而那一天做起来就各种出错呢？

人是有情绪的动物。我们的情绪会有高潮，也会有低谷，有时它会给你提供无形的帮助，有时它也会把一切搞砸。行走职场的顶尖人士，大多是了解和掌控情绪的高手——他们不但能够管理好自己的情绪，还能根据对方的情绪去配合同事或者打击对手。《亮剑》里的八路军团长李云龙，仅靠简简单单几句话就把整个队伍的战斗力抬到顶峰；而宫斗剧里那些手段深厚的嫔妃们，靠着类似的技术，能把自己的仇家逼疯，甚至自杀。

我们不鼓励利用情绪去钩心斗角，但合理利用情绪来面对工作，进行自我保护总是必要的。想要成为驾驭情绪的高手，并不是那么容易的事情，但这绝对值得你去为之努力。从哪里开始着手练习呢？在这里给出三个非常有意义的话题：

1. 情绪，究竟对我们的工作有着怎样的意义？

2. 在不同情况下，我们的情绪为何会有如此大的区别？

3. 我们应当怎样去掌控情绪或我们应当怎样避免被情绪"绑架"？

搞清楚了这三个问题，情绪就是那个天天为你保驾护航的天使，而非惹是生非的魔鬼。我们常常提及的"情商"，就是"情绪商数"。资深情商研究专家、哈佛大学博士戈尔曼将情商定义为五个方面的能力：认识自身情绪的能力、妥善管理情绪的能力、自我激励的能力、认识他人情绪的能力和管理人际关系的能力。综上所述，不难发现，情商绝不是懂得讨某人的欢心，也不仅仅是懂得照顾他人的情绪，情商的优先级是培养良好自我的觉知。

在《情商4：决定你人生高度的领导情商》一书中，作者阐释了这样一个观点：在职场的最高层次——领导力的竞争力模式体系里（包含以情商为基础的各项能力），情绪管理能力对个人竞争力的贡献率在80%—100%不等。一家专注于执行力分析的国际研究公司的研究主管指出："CEO们被聘用和赏识通常是因为智力和商业才能，而他们遭遇解聘却多是因为缺乏情商。"这也充分说明，不仅仅是职场小菜鸟需要关注情商，当你修炼成老兵后依然要关注这一方面。在顶层的决斗中，智商和技术能力指标的重要性并没有你想象的那么大，一切还是拼个"心法"。

说到情绪对于工作的意义，笔者常常会打一个比方："在工作中，你的能力是肉体，而情绪是衣服。"第一，我们的工作能力在短时间内很难快速改变，但情绪是比较容易改变的；第二，情绪色彩就好比衣服的色彩，可以显著地让其他人看到你现在的状况；第三，好的情绪可以为你"遮羞避寒"，能适当掩盖你的缺点、放大你的优点，进而提升你的整体形象，而坏的情绪，则会让你显得狼狈、低劣甚至不可理喻。

在工作中，你可以通过观察他人的情绪去做判断——如果一个人常常情绪高昂，经常散发出一种工作激情，那么他一定是工作能力较强的人；如果一个人常常情绪低落，情绪飘忽不定，那么他应该是个职场新人，看起来不够成熟。当然，人的情绪有高有低，不能一一概括，但是，那些善于调整自己情绪的人，在职场上一定是个高手！

人的情绪会受到心情、性格、目的、外界环境、荷尔蒙和神经递质等因素影响。情绪的产生需要人的内部生理因素和外部客观因素引发，并且最终由人的意识去触发情绪。在潜在的意识之中，我们的情绪更懂得我们想要什么。情绪，是你的大脑根据眼前的情况做出的一个"调整指令"，它希望你能够做出最合理的举动，去配合眼前的情况。

了解了这个原理，我们看看如何调节自己的情绪。

调节情绪的七个方法

方法名称	方法描述	注意事项
心理暗示法	想着自己当自己的教练／领导／老师，自己给自己教育鼓励，通过有意识地自我暗示，摆脱眼前的极端情绪（如紧张、畏惧、逃避等）。在执行某种复杂技术操作的时候，口中可以默念过去总结的要领口诀。在做事情的过程中，先在脑中预想一下你希望的结果，这样在行动的时候，人会不自觉地贴近这种理想情况。	在进行心理暗示的时候，多想一想自己成功的案例，如果没有成功案例，那么就告诉自己"这一次就会做成"。这种自我暗示未必能产生完美结果，但如果此次没有做成，不要否定自我暗示的意义，而是事后去想本次细节中有哪些进步。
转移注意法	在进入"钻牛角尖"情况的时候，或者一件事情怎么做都做不好的时候，你就要考虑转移注意力了。此时你可以去关注某一个技术性的细节，或者目视远方／看看周围的事物，或者去感受一下身体各个部分的知觉。注意力转移的目的是为了让自己从眼前的情况中"脱离"出来。	很多错误源于过度关注某一件事情，导致了"单打一"，适度转移注意力，可消除这种精力过分集中产生的负面效果。在注意力转移的时候，也不要完全忽略事情本身，避免矫枉过正。
合理发泄法	在情绪憋闷、低落、沮丧的时候，可以通过剧烈运动、大声唱歌、击打墙体等方式来发泄。由于发泄的时候人可能显得不太正常，所以我们建议这些动作可以找个没人的地方去做。	实际上，情绪过度高昂时也需要适度发泄，避免自己过度喜悦而导致乐极生悲。
时间拖延法	一切情绪都会随着时间的流逝而慢慢弱化，你需要找个独处的环境，静静坐着或躺着，结合深呼吸来平复自己的状态。	另外，拖延的时间不要超过 15 分钟，若长时间不做正事，可能导致更不利的局面。

续表

方法名称	方法描述	注意事项
自我说服法	在强烈排斥、愤怒等情绪发生的时候，人不容易做好眼前的事情，此时就需要为眼前的事情做出合理解释。这种感觉就好比是辩论赛一样，你要分裂出另一个自己，举出一个个例子，来说服本来的自己。	自我说服并不是妥协，而是根据眼前的实际情况做出调整。这是智者和强者的方法，不是没有原则。
人际交流法	不论你如何坚强，我们都建议在有负面情绪的时候去找个朋友倾诉一下。这有两种好处：1.对方有可能对你目前所处的情况有一定经验，有可能会给出一针见血的好建议；2.哪怕对方无法解决问题（或者给出的建议完全不适用），你在描述和倾诉的过程中也能不断卸掉负面情绪带来的压迫感。	交流的对象应该是身边亲近的人。
拔高升华法	面对眼前的问题，站在长远的角度去思考其积极的意义。比如做错了一件事情被批评了，你要告诉自己"这次的错误为我今后的改正和提高吹响了号角""长远来看，一直顺风顺水不一定是好事，目前的挫折正是一次磨炼的机会"。这种升华的策略不但有利于调节情绪，还可以培养你的理性思考。	拔高升华这个过程可以分为两段：第一阶段是调节自己的情绪；第二阶段是当情绪稳定之后，做出实际行动去调整、提高自己。

　　实际上，调节情绪只是第一步，真正的高手，是那些懂得利用自己情绪的人。情绪未必是"绑匪"，也可以是我们的好伙伴。至于如何利用自己的情绪，这里举三个例子：

　　例一，当你感到恐惧的时候，面对未知的结果，请你多一分谨慎，因为此刻恐惧情绪想要给你的行为"踩刹车"，在提醒你，你想要的保底方案是什么，你能否承受得起最差的结果……也就是说，当你发现自己恐惧害怕的时候，你要搞明白自己为什么会变得恐惧害怕。你可以将恐惧情绪看作是自我反省的时机，经过一番自我反省，你既能识别真正的风险威胁，也能认清哪些是虚张声势的"纸老虎"。

例二，当你被人训斥打击（或经历失败）之后，此时情绪是低落的，但这种低落的情绪也是有利用价值的。人在这种情绪时往往变得谦卑而懂得敬畏，不太可能做一些出格的事情，此时去做一些技术难度不太高而又追求细心的工作（如整理物品、修订报告），效果就会比平时强一些。不过我们也要注意，职场里的低落常常会伴随着压力和紧张感，而紧张感对于人从事快速应变的技巧性工作是不利的。所以，我们不鼓励在这种情况下进行演讲、开车等工作，不妨缓一段时间再进行。

例三，当你看到一些感人的事情心中被打动时，怜悯之情油然而生，这种温暖的内心会让你的亲和力瞬间提升，此时去做一些考验耐心的待人接物的工作（比如项目讲解，进行友好合作型的商业谈判），效果往往不会差。

类似的例子还有很多，大家不妨把自己的所有常见情绪列一个清单，然后对照着这个清单，思考一下每一种情绪背后适合做哪些事，不适合做哪些事。这个清单并非是一成不变的，但在相当长的一个时期（比如一两年）内通常不会有大的变化。当你完成了这个清单之后，就好比是给自己写了一个"使用说明书"，你可以形成更加准确、合理的自我认知，从而拥有更高的工作效率和工作效果，同时也能够大大减少犯错、出丑的概率，久而久之，更好的自己就水到渠成了——何乐而不为呢？

　　"任何人都会生气——这很简单。但选择正确的对象，把握正确的程度，在正确的时间，出于正确的目的，通过正确的方式生气——这，不简单。"这是亚里士多德在《伦理学》一书中对情商的强调。如果你能和笔者一样，敢于直面自己，用智慧去研究自己的情绪，那么对于你的职场角色塑造，就会多了一个很有利的工具，而且这些情绪本身也很值得去好好研究。

附录三　如何处理你的职场负面情绪

在飞行科目的设置上，有一个术语，叫作"复杂气象飞行"。这个术语源自于军方航空兵，是指在天气情况不利的时候（例如能见度差、夜间、风雨雪雾等增加飞行难度的气象情况），飞行员能够从容应对，继续保障安全飞行。那么，在工作中，难免也有类似的"复杂气象条件"。我们显然都希望自己能够不受复杂情绪的影响，在任何情况下都能像心理素质高超的飞行员一样，维持一种良好的工作状态，那么，究竟该怎么做呢？

一、关注局部过程，而非最终结果

在面临紧急事件时，高压力之下，人的情绪更容易失控。对于职场新人来说，此时控制情绪是很有挑战的事情。相对于职场，职业体育赛场上经常会遇到类似的关键时刻——比如对于足球来说，一个球，往往就能决定一支球队的成败。

可想而知，情绪控制对于职业运动员们来说，必然是一种重要的素质。那么，运动员们是怎样来处理这种情况的呢？很多赛后采访时，我们总能听见运动员说，"我不去想太多，就专注于比赛本身，把每一个球踢好就行了"，虽然他们不是总能够到这一点，但这就是复杂情况下控制情绪最好的办法。

在心理学上，有种心态叫作"瓦伦达心态"。它源自一个真实的事件。瓦伦达是美国一名著名的钢索表演艺术家，技术非常高超，在不系保险绳的情况下也能完成高空走钢索。有一次要为重要的客人献技时，他却发生了意外。当时，到场观看表演的有很多美国知名人士，这一次的演出不仅能让他在马戏界声名大噪，还会给马戏团带来前所未有的支持和利益。但令人始料未及的是，他刚刚走到钢索中间，仅仅做了两个难度并不大的动作之后，就从高空中摔了下来不幸殒命。

事后，他的妻子在悲伤中描述到瓦伦达的反常——"我知道这次一定要出事"。之前每次成功的表演，他只是想着走好钢丝本身，不去管后续的结果和其他事情。但这一次瓦伦达太想成功，过于患得患失了。如果他不去想这么多走钢索之外的事情，以他的经验和技能是不会出事的。

类似的情况还发生在著名射击运动员马修·埃蒙斯身上。

埃蒙斯出生于猎人之家，射击可以说是祖传的技能，他也曾在 2001 年世界杯美国站上一人包揽男子步枪三个项目的金牌，随后获得了 2002 年世锦赛卧射冠军、2002 年国际射击运动联合会世界杯冠军、2004 年国际射击运动联合会世界杯冠军。看到这里你肯定也在想——这位射击大神拿了这么多金牌，为何没有获得奥运冠军呢？

埃蒙斯并非没有参加奥运会，实际上他还多次进入决赛，但是，他在奥运会上总是会因为最后一枪失利而错失金牌。2004 年，在雅典奥运会男子步枪三姿决赛上，他前九枪领先对手 3 环之多，但最后一枪居然把子弹打到了别人的靶子上，把近在咫尺的金牌拱手让给了中国老将贾占波。随后的北京奥运会、伦敦奥运会上，他一再失利，在最后一枪打出非常糟糕的成绩，可谓"有奥运冠军的实力，但是没有奥运冠军的命"。

我们没有机会听埃蒙斯详细描述他在决赛最后一环时想了什么，也没有机会再听瓦伦达为我们复盘当时走钢索的心态起伏。但是，心理学用无数个实例和理论推导告诉我们——在"大事件"来临的时候，你需要专注于事情本身，而非这件事可能带来的结果。唯有如此，你才能把事情做好——起码能做得和平时一样好。

二、知情带给你勇气

虽然我们常说"无知者无畏"，人在对危险毫不知情的时候，有那种不顾一切的勇气，但在职场中的绝大多数情况下，我们不可能完全无知，所以，真正让我们勇敢的，是知情。

大家也许都有类似的感受——如果让你蒙起眼睛在空旷的操场上走路，即便周围没什么人，你也会患得患失、小心翼翼，不敢迈开步子。一旦把眼罩取下，那自然就可以放心大胆地自由奔跑。这其实是源自于我们的一种生理本能，是亿万年经过自然淘汰所留在基因里的反射机制。如果不想被这种恐惧所支配，就应该尽可能地让自己知道更多的信息，这就好比取下眼罩、睁开眼睛。所以，我们应该不断学习，不断积累经验——因为这些知识和经验能在关键时刻给我们带来勇气。

三、不被带偏的智慧

在现实生活中，我们的情绪经常会被他人和外界所影响，甚至被控制。

笔者曾经听到过一个有趣的实验：一张一美元钞票，竟然能够拍卖出六十六美元，而且，这张钞票，只是一张普通的一美元，并没有特殊的收藏价值。这次拍卖的规则有些特殊——每次叫价的增幅以五美分为单位，出价最高者能得到这张一美元，但是，出价最高和第二高的人，都要向拍卖人支付出价数目的费用。正是这个规则，见证了人的情绪中脆弱和负面的部分。

一开始，拍卖价在几美分的增加，经过几轮博弈之后，价格逼近一美元，全场只剩下两位竞拍者在叫价。两人都在不断提升报价，当其中一位价格达到一美元后，情况出现了微妙的变化——两位竞争者沉默了一会儿，发现情况有些不对劲，不论他们是谁赢得了竞拍，都已经无法盈利。但是，出价第二的人不但无法盈利，还会白白损失自己的叫价，所以，为了减少损失，竞拍价格又不断开始走高……

在"一美元拍卖"的多次实验中，研究人员发现，最初人们的出价是因为有趣或者有利可图，但是随着价格接近一美元，大家开始意识到这个规则其实是个陷阱，但已经难以全身而退。这时候他们就试图通过继续加价来迫使对手退出，但每个人都这么想，结果价格不断攀升。最后，当价格非常高时，竞争者变得焦虑不安，并且深深后悔，觉得自己很荒唐，但是已经难以自拔。这种心理正是人类在很多现实状态下心理的一个折射。例如，有的人只是觉得想尝试一点儿趣味而参加赌博，结果不幸输了一些钱，于是又继续加注希望在下一局赢回来。但结果是越赌越输，越输就越想从赌博中捞本，进入恶性循环状态，直至最后输得精光。

这个实验在美国几所高校进行了多次实验，最终的报价竟然高达数十美元。以远远大于一美元的代价去竞拍这一美元，显然不是明智之举，但这些名校的学生依然会做出类似的举动，可见几乎任何人都会被这种情绪所"绑架"。我们从一开始就不应当加入这个骗局中，避免自己不断被人带偏，最终陷入"从糟糕和更糟糕之间做选择"的被动局面中。

附录四 与领导相处的艺术

很多时候，我们需要去说服自己的领导，并不是为了给自己谋求什么利益，而是在陈述一些利害得失，或者帮助领导修正一些不太合理的决策。但要改变领导之前的想法或者决定，就需要进行类似于"讨价还价"的角力过程。

"讨价还价"也好，坚持原则也罢，这些工作的本质，都在于"说服"。如何说服你的领导，是一门非常高深的学问，其中涉及多个因素，这些因素的共同作用才能让你做成这件事。这件事虽然非常有难度，可一旦能够做通领导的思想工作，你的收益也是显著的。

如果你懂得运用一些心理学技巧和行为，就可以为你助一臂之力，让你提高成功说服的概率。

一、"示范"会有惊喜——镜像神经元的刺激

你可能会有一种感觉，当你听到或者看到别人在做一个

动作的时候，你有时会不由自主地模仿这个动作（往往越是独处或者放松的时候，这种重复的概率就大一些），这就是"镜像神经元"在发挥作用。在人类及少数高级动物的神经系统中，存在着"镜像神经元"这个小系统。意大利和美国的科学家都同时发现，人类的镜像神经系统更加发达，这是我们模仿的基础，也是你说服对方的一个心理学利器。

在尝试说服领导的时候，你最好能够进行示范——把你想要的场景或者效果"演出来"。这么做不仅仅是让对方看到实际效果，而且还是在进行示范，对方在潜移默化中会有模仿你的趋势。比如，如果你希望领导灭掉手里的香烟，那么你不妨也拿一支烟然后灭掉。这样对方就会有较高的概率也去灭掉烟了。

二、重复确认

当领导在思考你的建议时，如果他通过语言表达出了一点点认可的意思，你需要及时跟进，通过重复他的话，进行重复确认。还是拿灭香烟举例子，比如领导说"这里似乎不能抽烟"，你就可以及时跟进一句"是的，这里不能抽烟"。这种重复确认，可以巩固对方在犹豫期的决策行为。当然，在进行语言重复确认的时候，你要当心一些敏感情况，这些敏感情况要靠你平时的观察积累来帮忙。

三、避免"当老师"

虽然大部分劝说都是基于善意，但是善意也有一定的伤害性。古语说"人之患在好为人师"，这句话是在提醒我们，不要总是高高在上地摆出一份"唯我独尊"的姿态。在劝说领导的时候尤其要注意这一点。当我们进行说服的时候，避免让对方感到你在教他，避免使用否定对方的语言，这样就能使劝说行为更加容易被人接受，不易触动对方的"防御机制"。

四、听懂领导的"话外音"

"不怕下属天天闹，就怕领导开玩笑"，这句职场打油诗，是有几分道理的。领导因为自身角色的特殊性，他的玩笑语言常常会给听者产生不一样的效力，同时，领导的玩笑话中，也有他的真实用意，所以也应当引起重视。

领导开玩笑分几种情况，比如说在大会上开玩笑、在单独谈话时开玩笑或者在工作之外开玩笑。玩笑里到底有几分真、几分假？到底哪种玩笑是纯玩笑，什么时候是借着玩笑说真话？我们基于语言背后的心理，来做一番推敲。

我们在分析陌生英语单词含义的时候，常常会使用"借助上下文推测含义"的方法，这种思路同样适用于解读领导的玩笑话。比如，在某次会议上，领导长时间批评了某位同事（例如批评这位同事做事太慢），随后这位领导开了个和批评内容相关的玩笑（例如"你看这个蜗牛，比×××动作还慢"），这时候，玩笑话显然就是意有所指了。

那么，什么时候的玩笑才是完全没有针对性的呢？通常来说，那些偶发性、刺激性事件导致的玩笑，就不太具有针对性。

五、那些你永远无法取悦的人

在笔者进行心理咨询的时候，曾遇到过很多针对自己职场遭遇诉苦的朋友。他们抱怨说，无论自己如何绞尽脑汁，如何努力都无法让领导满意。这种情况下，分析事情的成因固然是很有效的措施，但并不是所有不满都能看得出原因——因为有时候这种不满的起源很微妙，也不会被表达出来。

在此，我给出的建议是：尽可能在你获得肯定多的领域做事情，而努力避开那些你容易挨批评的事情。获得肯定，可以是领导对你的工作满意，也可以是领导能肯定你的进步。

而那些你常常被否定的部分，最好交给其他同事来做，或者寻求外部帮助。因为心理学上的"首因效应"，领导会对某个人形成固有的偏见。如果领导认可你做的事，那么，你在做这件事时赢得肯定的概率就大。反之，如果领导不认可你做的事，那么，即便你做好了，获得的最终评价也会偏低。

六、你要能读懂，什么时候对方是"真为难"，什么时候对方是在"婉拒"

曹丕想要谋权篡位，几次暗示汉献帝禅让给他，可当汉献帝有意让给他时，他还要假意拒绝几次。这种看上去很磨叽的行为，在当时的礼法和公众舆论氛围中，是很有必要的。回到现实中也是如此。很多时候，对方拒绝我们的一些好意，是迫于现实环境与舆论的压力，就好比给自己增加了一个"免责条款"。而我们能否准确判断对方的用意，就需要用到一些心理学知识了。

通常，如果拒绝的语言非常具体，往往就是真的拒绝。如果对方的拒绝含糊不清，那么就是婉拒。比如，你请同事到你家做客吃饭，如果他说"对不起，我晚上九点还要去×××那里帮忙搬家"，这种拒绝理由虽然未必真实，但足够具体，所以就是真的在拒绝。而如果对方说"还是别了，我今晚有事"，这时候，你不妨再邀请一次。

其次，如果拒绝发生在公共场合，这时候夹杂的因素就比较多，如果对方在一对一的对话中表示拒绝，通常说明对方比较诚恳。所以我们在发出一个邀请或者请求的时候，如果你想要对方答应，尽可能地营造独处的环境。

最后，当你做出邀请或者请求的时候，尽可能一鼓作气，避免反反复复。如果你在第一次邀约时被人拒绝了，事后再扳回来是挺难的。所以，我们在开始征求对方同意的时候，语言尽量恳切一些，理由要更具体一些。

七、如何做汇报

笔者站在听取汇报者的心理，为大家总结出了如下的汇报流程：

首先，你在汇报时要先说结果。既然是汇报，那么听者最着急知道的是结果。在汇报过程中，如果有人追加提问或者质疑，这时候你要进行一些解释说明。反之，汇报完结束你的发言即可。

其次，提出一些解决问题的办法。如果你所汇报的内容不够理想（例如任务没完成），这时候听者就会本能地想了解原因，也就是说，此时你要对你所汇报的内容做出适当的解释。但在做出解释之前，你应当想到解决方案。因为解释常常可能被误解为辩解、找借口。指出问题是容易的，但领导更希望知道你打算怎样去解决这些问题。如果你汇报了一个不好的结果，通常领导就会追问，此时如果你无法回答对策，场面就尴尬了。

然后，使用严谨、理性的表达方法。怎样才算严谨理性呢，送大家十个字："避免绝对化、对事不对人。"读书的时候，老师经常会跟大家说："在选项里出现绝对化的表述时，那么这个选项就要格外小心，它很可能是错的。"所以，在表达时请避免使用绝对化的表述方式（避免使用绝对、总是、每次、必然等词语），否则，领导会觉得你这个人做事比较武断、草率，而一旦你判断失误了，这个感觉就会格外强化，所谓的"祸从口出"，就是这个例子。

"对事不对人"也是职场表达需要注意的一点。在发表对一件事的看法时，尽量客观地陈述事实，不要添加过多的主观臆断，避免情绪化表达。当你的情绪化表达出现的时候，聆听者的抗拒心理也会被激发，这时候，你的汇报也就容易被打断。

最后一点，汇报要简明扼要，不拖泥带水。领导听取工作汇报的内心出发点，是获知工作的进度和结果，并据此进行评估，以便完成后续的安排和应对策略。所以，我们在汇报时要会讲重点，不"拖泥带水"，将工作的结果、遇到的难题、存在的不足以及解决措施讲到位就可以了。

至于汇报的时间，建议你选择自己状态比较糟糕的时候向领导做汇报。为什么说要在自己状态比较糟的时候做汇报呢？因为人在状态糟糕的时候，说话一般比较谨慎，不容易夸下海口，这就避免你在汇报时向领导承诺一些难度系数太高的事情，为后面的工作带来压力。

在松下幸之助手下工作了三十年的江口克彦在《我在松下三十年：上司的哲学下属的哲学》这本书中曾经指出："对于上司来说，最让人心焦的就是无法掌握各项工作的进度……如果没有得到反馈，以后就不会再把重要的工作交给这样的下属了。所以要知道，虽然只是一个简单的汇报，却能让你得到上司的肯定。"

既然汇报工作如此重要，究竟在那些境况下必须汇报工作呢？

第一，在做好工作计划时，立即向领导汇报，避免大方向上出现问题。这样可以让领导了解计划内容，提出合理化建议或意见。而且领导可以审时度势，从大局出发指出计划的问题所在，做出有益而有效的修改，避免你在工作开始后做无用功。

第二，在工作中出现意外时，我们要及时汇报，寻求领导的支持和帮助。通常来说，我不建议大家隐瞒意外（除非你有把握悄无声息地搞定和修正这种意外），把意料之外的情况及时汇报，可以防止事情的不利局面扩大化，避免造成无可挽回的损失。

还有一点就是，在事情完成后及时向领导汇报，最好能把整个活动的具体来龙去脉向领导汇报，如果来不及，简单说一声完成也是可以的。因为你把完成结果及时告诉领导，可以让领导尽快放心下来，营造出一种值得信赖的形象。这么做还有利于领导授权你去做更重要的任务和工作。

最后需要注意的一点是，工作汇报有个原则，就是要"行动在前"。行动在领导前面，意味着我们汇报工作时，不但能达到领导的要求，还能超过领导的预期。如果你什么事情都没准备好就汇报，这不叫汇报，只能说是"灵感直播"。时间长了，对方会觉得你的话都是无准备的发言，容易引发对方的不信任。

附录五　职场上的行动也有迹可循

　　韩寒的著名电影《后会无期》里面有这么一句台词："听过很多道理，却依然过不好这一生。"很多人听到电影里的这句话，可能只是内心涌出一番认同，然后继续按照自己原来的方式做事情。实际上，"知道"并不等于"能做到"，而"能做到"又不等于"能做对"，所以职场技能和行为的修炼，并不是看上去那么简单，我们需要认真思考这个问题。为什么有人在一个职位上勤恳工作多年，一直都没有升迁？为什么那个榜样人物就在面前，却学不到他的精髓？你有没有想过原因是什么？

　　你或许已经读了很多书，看了很多视频课程，考了很多证，但你有没有想过，真正让你发生改变的有多少？你对自己的学习能力真的满意吗？可能大部分读者内心的答案是否定的。我们的努力，到底出了什么问题？

　　很多人忽略了一个事实：大家口头上所谓的"学习"，有很多是浅层次、低效率的学习。如果学过的知识没有转换为改变现状的行为，那么你听到的那些道理就不会见效。我们固然鼓励阅读求知，更重要的是要学会实践。

做事情的道理，其实也就那么多，获知它们并不困难。当一个具有权威地位的人说出来的时候，你总感觉醍醐灌顶。但是请注意，这种"醍醐灌顶"的感觉，不过是一种自我麻醉，它只是表达了你对这个道理的确定与认同，而这种自我的确定与认同，并不会让你以后不再犯同样的错，它能起到的作用仅仅是让你延缓下次犯错的时间或者改变犯错的方式。从这个角度而言，道理所能起到的作用是有限的。

从某种意义上来说，指导我们做事情的永远不是道理，而是我们从少年时就已形成的人格基础，我们一直以来深埋于潜意识之中的某种固定倾向的动机，每个人长期养成的行为习惯和本能。

一、行为背后，自有其道理

人的行为千奇百怪。有时候，我们都料不到下一秒自己会做出什么事情来。但有时候，我们可以预测别人接下来会做什么。

实际上，对于自己或他人行为的正确预测，是基于我们对现有行为的识别与分析。善于观察的人，能把自己看到的事情分析出道理来，顺着这个道理，就能像神算子一样，推敲出下一步的发展。所以说，行为本身并不是最重要的信息，关键的是背后的道理。

认可了这一点，我们就可以展开描述很多行为。人的动作虽然有亿万种，但都可以分为三类，从简单到复杂分别是非条件反射、条件发射和组合型复杂反射。

先说非条件反射。如果手被钉子扎到，我们就会立刻缩回去。这类反射动作，是镌刻在我们的基因里的，就是非条件反射。由此引发的动作是发自本能的，几乎不存在掩饰。但有一点需要注意——人的某些非条件反射在人为约束下会消失，比如人都怕痛，遇到针扎都会缩手，但在打针的时候不能缩手，否则会引发事故。

在飞行中，人从地面到空中有一个大的环境改变，很多平时的非条件反射都是不利于飞行的，这时候就需要克服人的非条件反射。比如，刚开始练习飞行的飞行员在驾驶飞机临近降落时，对于飞行高度会本能地恐慌，使得有些飞行员会迫不及待地落地，造成硬着陆。这时候，作为教员，就需要协助飞行员去克服这些非条件反射，从而养成正确的飞行操作习惯。在其他行业也是一样，很多时候，我们需要克服非条件反射，来完成某项工作。

而条件反射就要高级一些。条件反射是指在一定条件下，外界刺激与有机体反应之间建立起来的暂时神经联系。这种反射行为方式是后天形成的，是经过大量经历和练习所锻炼出来的一种反应本能。对于人行为的推敲，大部分是在条件反射层面做观察和分析，当你确定对方会对某种机制产生条件反射，那么他的行为就是可以推测和理解的。有一些人在跳槽到新公司之后，对原有公司的条件反射还在，这时候就要留意，在新的条件反射还没有建立牢固之前，尽量不要"说错话"。

组合型复杂反射在分析时需要更多的信息和观察，这就要求大家平时做个有心人，通过大量的观察总结出规律，然后利用这些规律进行判断和分析。

二、过程分析法

作为职场行为的一个高效分析模板，近年来，"过程分析法"成为越来越多职业培训的案例模式。过程分析法最初是为了制度设计，后来也衍生成一些智能化办公软件系统的内在逻辑。我们在这里给出过程分析法的经典步骤，然后为大家简要解读这些步骤对我们职场行为的启示。

第一步，确定问题领域。分门别类是做出行为对策的基本前提。拿销售举例——如果你正在商店值班，此时有一个人走过来和你交流，那么，我们首先要明确对方是来做什么的。

此人是来买东西、消防检查或者另有企图？明确来者的身份，我们就确定了行为对策的领域，随后才可以正确地做出应对。

第二步，借助于有效的分析手段，确定出具体问题。如果刚才那个顾客同你讨价还价，那么，他是对价格不满意吗？不，他有可能是拿价格当作借口，希望谋求更多的附加服务；也有可能他囊中羞涩，付不起目前的价格；也有可能他一开始就没打算购买，故意找个理由给自己一个台阶下。

第三步，寻找和确定解决方案。当具体问题确立之后，我们就可以根据自己的经验来思考解决方案了。

第四步，如果有多个解决方案，划定优先次序。次序的建立是很有必要的，有时候一个方法能否奏效，和次序有很大关系。

第五步，确定能提供所需结果的具体办法。在确定方法的时候，我们要尽可能地去结合行为分析的结论，为不同的人打造不同的方法。

第六步，着手解决，并考虑好解决失败后的应对策略。

三、独当一面时，应当如何“做主”

当还是职场新人的你可以单独去负责一件事情或者一个项目的时候，意味着你开始有机会独当一面，去做出更大的成绩。但是，独当一面也意味着你需要担负更大的责任，如果事情做不好，就会被批评，所以你需要更谨慎地去做事。

一味地躲避责任是不可取的，除非你永远不打算提升业务能力。在代表公司或者部门处理事务时，你要学会一些"做主"的学问。

领导把事情交给下属全权处理，更多的是锻炼下属处理事情的能力，同时也节省了领导本人有限的时间和精力，但请注意，此时领导仍是决策的制定者，他并没有把所有的权力移交给下属。这时候，作为下属，要明白"代办"的原则，而不能真的把自己当成取代领导做决策的人

既然是代办，那就要弄清楚交办者的真实意图，这样你在行动时就可以多一分底气，减少犯错误的概率。

当然，弄清楚领导的意图后，在操办处理这件事的过程中，你不能只做个简单的跑腿者。事情的复杂程度，往往会超出决策人本身的设想，而我们作为操办者，很大一部分工作价值就在于搞定这些预料之外的事情。遇到意外情况能请示固然是最好，如果来不及请示或者不宜请示的时候应该怎么办呢？这时候，你就要自己拿主意了。心理学有个重要的词叫作"共情"，就是尽力带入对方的感受。所以，如果你不知道如何去做，不妨站在领导的角度去思考问题，想想怎么做才能把事情做好，带着这种思维，做出来的决策就不容易错。

附录六　如何处理职场上的复杂关系

说到职场关系的心理学基础，就不能回避一点——"马斯洛需求层次理论"。

在马斯洛的需求层次理论中，第一层是生理需求，这是人类维持自身生存的最基本要求，包括饥、渴、衣、住、行的方面的要求。

第二层是安全需求，包括人身安全、健康保障、资源财产所有性、家庭安全和工作职位保障等。在本层次中，工作职位保障的需求已经出现了，你需要注意，在职场中，如果你的同事或者同行认为你的存在会威胁到他们的工作职位保障，那么就会引起他们的高度警惕和防御机制。

第三层是情感和归属的需求，也就是我们所说的社交需求，包括友情、爱情、性亲密等。人作为一种富有情感的生灵，都希望得到相互的关心和照顾。感情上的需要比生理上的需要来的细致，它和一个人的生理特性、经历、教育、宗教信仰都有关系。

第四层是尊重的需求，包括内部尊重（希望自己在环境中能胜任、充满信心、能独立自主）和外部尊重（希望受到别人的尊重、信赖和高度评价）。

这一层次和职场关系非常紧密。不论是职场新人，还是混迹职场多年的高手，都希望自己的个人能力和成就能够得到社会的肯定。马斯洛认为，尊重需要得到满足，能使人对社会充满热情，同时体验到自己活着的用处价值。

第五层是自我实现的需求。它是指实现个人理想、抱负，发挥个人的能力到最大限度，完成与自己的能力相称的一切事情的需要。

自我实现的需求是最高层次的需求。在这一层次的满足，多表现为解决问题的能力增强，自觉性提高，善于独立处事。总之，这一层次的需要，是搞定自己能力范围内的一切事情的需要。也就是说，人必须干称职、难度适宜的工作，这样才会使他们感到最大的快乐。需要注意的是，人并非一定要成为顶级专家才能拥有这种满足，为达成这一层次需要所采取的行动是因人而异的。小人物也有小人物的自我实现感。

在职场中，我们会经常和这五个需求打交道。当我们的某个需求被满足，那么我们的人际关系就往好的方向发展，反之，如果某个需求被威胁或者破坏，那么事情就会往坏的方向发展。而我们在处理多个需求的复杂局面时，可以参考各个需求层级的上下关系，让最基础的需求先得到满足。

一、你我生而平等，但工作总有层级

人的需求有层级，这是从先后被满足的角度而言。当然，我们的工作也是有层级的，这是由职业发展的需要决定的。

上级，是职场新人最值得关注的角色。笔者认为，关注上级，是你在职场中站稳脚跟的第一步。这并非鼓励大家拍马屁，也不是诱导大家忽视自己的下级。因为一个企业的运行，指令永远是自上而下实施的，从这个逻辑出发，我们的心理"着眼点"也应当瞄准上级。

古语道"一将无谋，累死千军"，领导对于整个团队工作的开展，起到非常关键的作用。同时，领导的好与坏，极大影响着职场新人的工作体验和成长路径。因为领导有着更多的经验、更强大的能量，所以职场新人很容易形成对领导的信任和依赖心理。好的领导会保护下属，耐心地教授很多技能和思路，甚至在生活上给予诸多关怀。遇到这样的领导，那自然是一件值得庆幸的事情。

作为下级，你必然会遇到一些闹心的事情：领导交代的一件事，很不想去做，但又不知道怎么去处理。那么，如何处理那些不愿意做却又不得不做的事情呢？

请注意——好领导，也是凡人。你的领导，并不是万能的。在工作中，你搞不定的问题，他们可能也搞不定；你烦心的事情，他们可能也烦心。同时，他们也没有"千里眼、顺风耳"，不是那种早就能料定一切事情的 "神算军师"；他们也不是完全没有喜怒哀乐的"神仙"。

所以，如果你遇到了难题，而又不得不做，你可以就自己遇到的困难和你的领导进行沟通。你在汇报的时候，要尽可能地给领导足够的信息，让领导掌握更多的有效信息。唯有如此，你的领导才能给你最贴合实际的指导意见——也就是说，如果你给出的信息不足或者不准确，他们也可能做出不妥甚至错误的决策。作为下属，你需要像一个传感器一样，尽量传递充足而精确的信息，唯有如此，领导才能更好地通过你的信息来思考和决策，给你的工作提供帮助。

二、同事的"大气层"

在职场中，除了和领导的相处外，更多的是和同事的相处。

很多人都希望自己在职场里有个很善良美好的形象，成为每个人都值得信赖、乐意交流的对象。不过，这种想法会显得过于完美。因为你不可能赢得所有人的喜欢。

如果你总是一副和和气气的样子，什么脾气也没有，固然大家会觉得你温和、容易相处，但这也会给别有用心之人以可乘之机。比如，有的人会以此为由找你的麻烦，让你帮他们做很多事情，占用你的时间。所以，在工作中，你需要适当展现出"强硬""不好惹"的一面，真是遇到了该生气的时候，发怒一次又何妨？人如果只会做好好先生，最终的结果无非是"人善被人欺，马善被人骑"。

你要知道，尊重是在相互的打磨中逐渐形成的。这就像冷暖空气一样，你往前推一步，对方可能就会往后退一步。当你们旗鼓相当时，也正是彼此尊重形成的最好时机。当对方得寸进尺、不怀好意时，我们要注意把握分寸，学会观察对方得寸进尺的表现有哪些。我们可以观察对方的眼神、行为和思维方式。当他开始忽略你的利益，不在意你的人格时，就要拉响警报了。此时，我们也要会适度地"进攻"，去试探，去为赢得尊重打出一片天地来。

三、新来的同级别同事怎么对待

办公室里来了同级别的新同事，总是会带来一些别样的感受，但是，和来了新领导、新下属不同的是，同级别新同事的加入，往往可以引起最为微妙的心理变化，折射到职场关系的变动也最复杂。

大家都是相同的级别，看上去谁也不受制于谁，但作为老员工，你看到对方身上有一些优于你的地方，会不会嫉妒？如何处理和新同事的关系呢？很简单：搞团结。这种大巧若拙的处理方式看上去很笨，其实是充满智慧的。

四、不用太在意别人那里发生了什么

作为职场新人，我们常常会有一种怯生生的感觉，而且忍不住想要多观察、多打听各种自己尚不知晓的事情。这是一个很好的学习者的心态。但是，在这个心态的作用下，很多时候"菜鸟"们会变得过于敏感。其实，你大可不必如此敏感。人好比是一个高级复杂的机器，身上有很多的传感器，这些传感器在采集信息辅助决策的过程中，有时候也扮演着负面角色，那就是干扰信息。为了不让过多的信息冲击我们尚不发达的"处理器"，作为新人，我们更多的精力要放在本职工作和技能提升上，而办公室里发生的一些事情，如果和你关系不大，倒不如糊涂一把，让它过去就好了。

五、和职场上的人"保持距离"为何如此重要

我们常说老实人难做，其实，比老实人更容易受伤害的

是热情的人。做一个热情的人，你需要做好承担风险的思想准备。著名企业家李嘉诚曾经说过——招待客人不能太热情，为什么呢？因为"这人太热情了，实在不敢领教。以后他到我家去，我也要好好招待人家，可我没有那么好的手艺，也没有经济实力呀！夹这么多菜，如果都吃了，回去说不定会消化不了的"。

同事之间，在私交还没有到达一定程度的情况下，保持适度的热情是很有必要的。过于热情，会适得其反，毕竟，过分的热情会给人带来一种无形的压力，让人感到不安、不舒服。同时，过于热情可能会让对方产生依赖感，一旦你某天不再那么热情的时候，情况可能就会变得糟糕。

虽然我们都希望独立开展工作，在大部分情况下和上司保持一定的距离，以便自己可以在不紧张的情况下开展自己的工作。但有时候，你的上司可能会使用某种渠道来了解你的信息，这种渠道可以是委派的某位"观察员"，也可能是电子设备。没有人喜欢在毫不知情的情况下管理一个团队。所以，面对上司的"监视"，你不必感到不自在，只需要老老实实做好自己的事情就好。因为过于在乎，人会在自我压力中行为变形，这就得不偿失了。

六、学会给结果，才是你最需要做的

领导常常是有性格有脾气的，如果你遇上了一个对你"很不客气"的"霸道总裁"，应该怎么办？

如果这位上司只关注结果，那么你就多给他结果。如果结果不理想，而你还要用过程来解释开脱，自然就难以获得好评。给出结果，而不是解释过程，就是面对"霸道总裁"的最好策略。

读书的时候，很多人会想，我学习那么用功，为什么还是没能考入顶尖的大学？进入职场之后，也有很多人会想，为什么我每天加班工作，做了那么多事情，老板却还是不满意，还是不肯给我升职加薪？

先来看这样一个问题：有一个聋哑人想买牙刷，他到商店里向店主模仿刷牙的动作，成功地买到了牙刷。那么如果一个盲人想买太阳镜，他该怎么办呢？

答案是：盲人只需要张开嘴巴说出来就可以了——因为他不是哑巴。这个问题很有趣，我们很多人都被题目给的信息所迷惑了。这些迷惑信息大大干扰了我们对问题本身的思考。同样的道理，在工作中，很多人也会被过程所迷惑，而不能够直截了当地去思考结果的重要性。但是别忘了，在职场里，上司把一个任务交给你，是希望你能给他一个满意的

结果，从而给公司带来效益。

电影《穿普拉达的女王》里，马琳达说过一句话："我对你无能的细节过程不感兴趣。"最怕的是，当你接到上司交代的任务后，就开始在潜意识里不断构思失败后的场景。如果你这样做了，就会在之后的行为中，频繁产生一种自我暗示——这事儿我估计做不成，如果上司怪罪下来，我就多讲苦劳。

奇怪的是，人的每次行为抉择，都会朝着你所暗示的方向发展。一旦有了这个想法，你就会在很多稍微努力就可以完成任务的环节上，放松对自己的要求，结果自然一塌糊涂。

七、隐私

在职场上，难免会遇到一些涉及隐私的事情。在某些场合，你不得不需要获知同事的家庭住址、身份证号甚至某些自媒体账号的密码等，该怎么办呢？首先，涉密的问题，想三秒再问同事，你得组织好语言。然后，在打听这个隐私的时候，你应该首先摆出一个姿态——因为工作需要，否则我不会这样做。

有的人可能会觉得，既然大家关系那么熟，那么我看一下你的手机应该没问题吧？凡是涉及个人隐私的事情，我们千万不能小觑，因为尊重彼此的个人隐私，是基本的礼貌，也是为了彼此利益。手机、电脑等与我们自身紧密相关的东西是高度涉及隐私的。保护自我的隐私意识每个人都有，既然自己有隐私意识，那就不要侵犯别人的。

附录七　职场应激策略

"黑天鹅事件"是个舶来词，是指非常难以预测、不寻常的事件，这些事件通常会引发连锁的负面反应，甚至导致破坏性的结果。

一般来说，"黑天鹅事件"是指满足以下三个特点的事件：

一、具有意外性；

二、有重大影响；

三、虽然它的发生是意外的，但人的本性会促使我们在事后为它的发生编造理由，并且或多或少认为它是可解释和可预测的。

"黑天鹅"存在于各个领域，无论是在宏观经济、个人生活还是职场，都有可能会遭遇"黑天鹅事件"。我们可以根据黑天鹅的具体发生特点，去推敲职场中意料之外事件的应激处置办法。

一、离职之前，千万别忘了做这件事

前些年，和一位朋友聊天，那时，她的第一份实习工作即将结束。我特意送上叮嘱："离职前半个月，别忘了提前跟领导说一声，以便提前交接工作。"这句话，似乎给了她不小的提示。果不其然，过了几天，这位朋友就兴高采烈地告诉我，她的领导对她这种预先告知的行为大加赞赏，很认可她的负责态度，不但很热情地一再挽留，还欢迎她随时回来工作。

实际上，我也听过不少管理岗位工作者的抱怨，"最近那个×××，说辞职就辞职，拍拍屁股就走人，留下的烂摊子，都是我们自己来收拾，非常气人。"这种苦恼的抱怨，流露出对"离职突袭之人"的不认可和愤怒。

管理者面对这两种情况的态度，可谓是"冰火两重天"——提前打个招呼竟然有这么大的能量？是的。对于一段实习工作（当然也包括将来的正式工作）而言，良好的素养不仅表现在正常工作时期，也往往取决于你如何"画上句号"。如果我们能够站在管理者的角度去想一下，事情就不难理解了。

这种提早知会、有序交接的处事方法，可以给用人单位留足空间，使其能够合理地安排工作事宜。很多实习工作的时长是弹性化的，管理方对于实习者何时离开并无明确的时间表。此时，"提前打招呼"就显得非常必要了。虽然不少实习单位都会提前约定好你的实习期限，但在约定到期之前早一点提醒对方，同样是有必要的。

同时，从实习者的角度来说，也能给自己争取主动。对于大部分实习生而言，获取报酬并非是参加实习工作的唯一目的，获得一定的行业技能、拿到实习的评语或者推荐信也非常重要。考虑到部门行政机制和考察方的习惯，这些评价实习生"职场第一步"的文书，往往需要等几天才能够拿到。如果非要求对方在很短的时间里把这些东西都提供出来，不但显得不够礼貌，还可能把事情搞砸。所以，把提醒的话说得早一点，你的诉求就能多一分保障，也就避免了自己离开前手忙脚乱，闹出一肚子憋闷。

从长远角度来看，这种缜密妥当的处事态度，可以为对方留下良好的印象，为你的职业形象加分。世界那么大，但有时候也很小，如果将来因为机缘巧合再回到原单位，对方还会予以尽可能的热情接纳。

俗话说："好事不出门，坏事传千里。"实际上，很多职业领域的人际圈子是很微妙的，如果你在原单位留下了良好的声誉，这份声誉很可能被你下一个就职单位的人听到。反之亦然，如果谁家单位出了什么奇葩员工的话，这些事儿也很可能很快传遍整个圈子。最极端的，用人单位会在特别愤怒的时候下达类似于"封杀令"的业内通告，到时候，闯了祸的求职者，可就难免四处碰壁了。与其靠着侥幸心理苟且地面对未来，何不早早把事情办完美呢？

说到这里，我想很多正在实习或者即将实习的读者们都在思考一个问题——离职前，要提前多久给领导"打招呼"呢？其实，这个问题并没有固定的答案，而是要取决于实际情况。如果说所在部门有相关离职制度，那就自然是按照制度来执行；如果没有固定制度，不妨问问同事中比较资深的"过来人"，听听他们的建议。很多部门的运作以一周为一个单位，那么这种情况下，提前两周左右汇报，也是一个挺好的办法。总而言之，只要能让管理方感到满意，那就没问题。

不管是主动离开，还是被动出局，收尾工作都是很重要的。古语说得好："靡不有初，鲜克有终。"这也正凸显出"善待结尾"的重要性。不论是如今参加实习也好，将来正式工作也罢，我们都应该做一个能够预先收尾的人，让工作经历善始善终。如此，不但让对方能够从容面对，也将给自己的职业生涯留下一份顺畅的体验。

二、失误之后的危机处理

首先我想说明一点，比起学会处理危机，预防危机显然是更重要的事情。说了这个总原则之后，我们再来聊聊怎么进行危机处理。

提到危机处理，我们首先想到的是一家公司或个人如何面对媒体，如何面对领导，如何面对客户。但是很多人都忽略了一件事——"出事"之后，我们应该如何面对自己。

没错儿，面对外界固然很重要，但你自己才是主体。如何面对自己、如何保护自己，甚至于如何提升自己。这些基础问题决定了你处理危机的总体结果——这才是最核心的问题。